JN051852

学研の
ヒューマンケア
ブックス

応用行動分析学から学ぶ

子ども観察力&支援力養成ガイド

改訂版

平澤紀子●著

子どもの行動から考える
ポジティブ行動支援

Gakken

はじめに

行動問題への対応から
子どものもてる力を
高める支援へ

平澤紀子

　わたしは日々の教育がもつ力はとても大きいと考えている。毎日、園や学校に行き、友だちとともに活動に参加する。そうしたごく当たり前の日常において、子どもの学びや育ちは積み重なる。それは今の生活を充実させ、これからを生きる力となる。それを支えているのは、先生方の支援にほかならない。

　しかし、かかわりのなかで、子どもの学びや育ちを支えていくからこそ、そこに葛藤も生じる。とりわけ、行動問題を前にして悪循環に陥ってしまうと、子どもの教育的ニーズにとどかない。それも、子どもにかかわる人々の間で、願いや思いを共有していくことは、ことのほか難しい。

　一方、多くの研修会が行われ、有効な支援に関する情報もあふれている。では、なぜ、それらが目の前の子どもの支援につながらないのだろうか。

　どうも、「子どもを見て、支援を考える」という特別支援教育の根幹に立ち戻る必要があるように思われる。すなわち、「子どもを観察する」ことと、その観察に基づいて「支援を考える」ことである。

　これは何も特別なことではない。先生方は日々子どもを見て、支援を考えているはずである。もし、そこに裏付けがあれば、鬼に金棒である。

　その裏付けは、環境とのかかわりのなかで、子どもの行動を観察し、そこから支援を考える応用行動分析学が与えてくれる。その見方や考え方は、行動問題の背景にある子どもの困難、すなわち彼らの教育的ニーズを理解し、周囲のわたしたちが何をすればよいかを教えてくれるのである。

　そこで、本書では、先生方が日々行っている「子どもを見て、支援を考える」ことをより確かなものにしていくために、応用行動分析学からのヒントを紹介したいと思う。とくに、子どもの行動から考えるポジティブ行動支援を軸として、単なる行動問題への対応ではなく、もてる力を高める支援に目を向けたい。

　そのために、園や学校等における事例を交えて、先生方が日々の実践と照らして、課題を解決していけるような内容を目指した。それも、先生方が有効な支援を共有し、子どもの成長を喜び、支える学校づくりにつなげたいと願った。願いに力が追いつかず、もどかしさは多々あるが、ご一読いただければ幸いである。

子どもの行動から考えるポジティブ行動支援

応用行動分析学から学ぶ
子ども観察力＆支援力養成ガイド
改訂版

CONTENTS

第**1**章

子どもに
合わせた支援を
考えるために

特別支援教育の目標である「子どもの
もてる力を高める」ためには、どんな
支援が必要なのだろう？　単なる行動
問題への対応ではない、子どもに合わ
せた支援とは何か、考えていこう。

子どもに合わせると
言いつつ

　子どもに合わせた支援を考えようとするときに、わたしたちが陥ってしまいがちな失敗がある。それは、子どもに合わせると言いつつ、問題が生じないように後ろ向きな対応をしてしまうこと、また、思いこみやあてはめの支援を行ってしまうことである。

 ## 問題が生じないように

　教師が支援に悩む際には、子どもが思うように行動してくれないという実態がある。そこで、子どもに合わせると言いつつ、問題が生じないような対応にとどまってしまい、**子どものもてる力を高める支援に至らないの**である。

　子どもは時としてパニックを起こしたり、人に乱暴したり、物にあたったり、自分を傷つけたりするような行動を示すことがある。また、授業中に話を聞かない、騒ぐ、立ち歩くなど、取り組みが問題となる場合もある。これらの行動は、様々な活動に参加し、友だちとともに学び、育ち合う園や学校において、本人だけでなく、周囲の子どもにも迷惑を及ぼす。

　そこで、教師はこのような行動問題[*1]をやめさせようと対応する。しかし、試行錯誤の対応のなかで、かえって問題を悪化させてしまうことも少なくない。その結果、**友だちとのかかわりを控えたり、集団から引き離したりすることによって、問題が生じないようにする**ようになる。

※1　行動問題
問題行動という場合には、問題を有している行動そのものに注目しているのに対して、行動問題はそのような行動を引き起こし維持させている問題自体に注目した用語であり、対象者のみならず、その背景となる環境的要因を含んで検討することが多い（加藤，2000）。そこで、本書では、子どもが示す様々な行動の問題について、その背景にある教育的ニーズに焦点をあてる意味において、行動問題という用語を用いている。

こうした対応によって、確かに目先の問題は見えなくなるかもしれない。子どもは一見穏やかに過ごせるようになるかもしれない。そして、教師の困りは解決するかもしれない。しかしながら、**対象の子どもは置き去り**である。どうすればよいか分からないまま否定的な体験を重ね、それを学ぶ機会も減少してしまう。

その先にあるのは、**困難な状況になっても、受け身のままでおかれ、唯一の意思表示の手段は大声をあげたり、かんしゃくを起こしたりするしかない**子どもの姿である。

 ## 子どものもてる力を高めるために

もちろん、周囲が困る行動に対しては注意し、子どもの自覚を促す必要があるし、危ない行動に対しては強く叱ることで行動を抑制する必要がある。子どもが不安定になれば、活動のしかたを配慮することは大切な支援である。問題は、こうした行動問題への対応が、そのまま子どものもてる力を高める支援につながるとは限らないことである。

例えば、教師が注意することによって、友だちへの乱暴をやめたとする。しかし、この場合、子どもは教師によって乱暴な行動を止められたのであって、自ら乱暴な行動をしなくてすむようになったのではない。ほとんどの場合、「だめ」だけでは、「どうすればいいか」は学べない。その結果、同じ行動を繰り返してしまうのである。

また、子どもが不安定になれば、教師は無理をさせないようにする。すると、子どもは安定する。この場合も、教師の配慮によって、子どもが安定しているのであって、子ども自身に安定して過ごす力が身についたわけではない。もし、教師の配慮が変われば、たちまち子どもは不安定になってしまうであろう。

このように、教師の力によって行動問題をなくすのと、子どもの力によっ

て行動問題をしなくてすむようになるのとは大きく違う。問題を先送り[※2] しないためには、教師の力で行動問題を起こさないようにしたとしても、同時**に子ども自身にそうした状況でどう行動すればよいかを学べる支援を考えていくことが大切なのである。**

 ## そもそも行動問題とは？

　それでは、行動問題を前にして、どのように子どものもてる力を高める支援を考えればよいのだろうか。まず、行動問題の正体を見てみよう。子どもが示す様々な行動の問題は、問題行動、不適応行動、不適切行動などとも呼ばれる。いずれにしても、その行動の現れ方がその場の状況や周囲との関係において適切ではない場合に、問題とされる。

　裏を返せば、**行動問題とは「その場で求められる適切な行動がとれないこと」**である。もちろん、その場で求められる姿は、子どもの年齢や実態に応じて、あるいは周囲の状況によって異なる。例えば、幼い子が教師に抱きついても問題とはならないが、高校生ならば問題になるであろう。また、休み時間におしゃべりをしても問題とはならないが、授業中ならば問題になるであろう。

　このように、年齢や場に応じた行動が求められるからこそ、子どもはそれを学び、育っていく。一方、そうした行動が分からず、うまくできなければ、今できるやり方で対応するしかない。すなわち、子どもの立場にたてば、**行動問題とは次のような学びの状態**としてとらえられる。

　①**未学習**：どのように行動するのか学んでいない。
　②**不足学習**：学んでいるが、十分にうまく行動できない。
　③**誤学習**[※3]：不適切な行動を学んでいる。

※2　問題の先送り
知的障害特別支援学校および特別支援学級在籍の子どもをもつ家族を対象にした質問紙調査（藤原・平澤、2003）からは、8割の子どもが家庭場面でなんらかの気になる・困っている行動を示し、高等部で多い傾向にあった。学校教育を終了した知的障害のある人の家族を対象にした質問紙調査（小野・渡部・望月・野崎、2001）からは、行動障害が出現した時期について学校卒業後が著しく高いことが示されている。もちろん、これらの要因は学校教育だけではないが、問題が先送りされている可能性も考えられる。

この学びの状態を、友だちに乱暴してしまう子どもを例にとって説明すると、次のようになる。子どもにとっては、

①友だちとかかわるときに、どうすればよいか学んでいないのかもしれない。
②どうすればよいか分かっても、十分にうまくできないのかもしれない。
③友だちとかかわる手段として不適切な行動を学んでいるのかもしれない。

このように、行動問題の背景には、その場で求められる行動が分からず、うまくできないという子どもの教育的ニーズがある。したがって、事の本質は、適切な行動の支援であり、**行動問題のなかにこそ、子どものもてる力を高めるヒント**がある。

 ## 思いこみやあてはめの支援

次に、思いこみやあてはめの支援について考えてみよう。特別支援教育の対象となる子どもは、コミュニケーションが苦手なことが多い。そこで、教師は、子どもの気持ちや困難さを推測しながらアプローチすることになる。そこに、子どもに寄り添う支援が重要といわれる理由があり、それが反面、思いこみやあてはめをもたらしかねないのである。

例えば、自閉症の子どもがパニックを起こしたとしよう。自閉症だからパニックを起こしやすいのか？　体調が悪いのか？　活動がいやなのか？　いろいろ考えるであろう。そして、ひとまずは、無理をさせないように活動は控えるかもしれない。それも、今日は子どもの調子がいいから活動を促し、今日は不調だから無理をさせないというように、その時々で対応を変えるかもしれない。

一見、子どもに合わせているようである。しかし、教師が思っていること

※3　誤学習
物を要求するのに、人をたたくなど、誤った行動を学習している状態である。子どもにとっては、それが通用するとなれば、効果的な手段である。「誤」というのは周囲の言い分であり、子どもがわざとそうした行動をしているわけではない。

が本当にパニックの原因だろうか。もし、原因が違えば、有効な支援も異なる。また、その時々で子どもに合わせるということは、教師自身にその根拠が見えなければ、一貫した支援とはならず、支援の方法をほかの教師と共有することも難しくなる。子どもにとっても、どういうときに何をすればよいのか学びにくい。

　このように、**子どもに合わせた支援の「つもり」であっても、それが思いこみの支援であればいくつもの行き違いが生じてしまう**のである。

　一方、今日、得ようとすれば多くの情報が手に入る。特に、「こうした子どもには、こういう対応がよい」というハウツーものは、分かりやすく、取り組みやすそうである。例えば、「自閉症の子どもには、絵などの視覚的スケジュールを用いるとよい」「ADHDの子どもには、ごほうびシールが有効である」などである。確かに、視覚的に見通しをもちやすくすることで混乱が少なくなり、それによってパニックを起こさなくてすむようになる子どもは多い。行動のコントロールの苦手さをもつ子どもには、「こうしたら、こうなる」を分かりやすくすることが大切で、その意味でごほうびシールはよい方法である。

　しかしながら、目の前の子どもに、そうした支援を適用しても、うまくいかないことも多い。なぜ、有効な支援が機能しないのだろうか。実は、こうした**マニュアル的な支援は、原則論にすぎず、当該の子どもやその場の状況に合っていなければ、うまくいかない**のである。

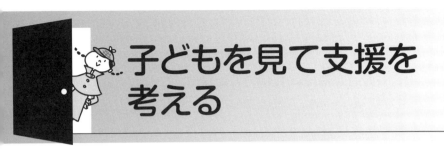

子どもを見て支援を考える

　子どもに合わせると言いつつ、後ろ向きな対応だったり、思いこみやあてはめだったりすることも少なくない。その結果、支援がうまくいかず、「この子どもは難しい」「自分には対応できないかもしれない」となっては、子どもも、そして教師も不幸である。

　こうした課題を解決するには、子どものもてる力を高める方向で、「子どもを見て、支援を考える」ことが必要である。

行動の外的要因を探る

　それでは、どのように子どもを見ればよいのだろうか。

　教師は日々子どもとかかわりながら、子どもを見ている。何が不十分なのだろうか。

　入り口にある問題は、事実と解釈の区別である。例えば、「昨日は調子がよくて活動に取り組んだが、今日は調子が悪くてパニックを起こした」といった場合、教師は何をもとに、「調子がよい、悪い」を判断しているだろうか。

　わたしたちに見えるのは、子どもの表情や動作、発言、取り組みなど、具体的な行動である。しかし「調子がよい、悪い」はその行動を見た人の解釈である。事実を置き去りにすれば、思いこみやあてはめに陥ってしまう。もし、「活動への取りかかりが早い」と「調子がよく」、「取りかかりに時間を要する」と「調子が悪い」と判断しているのであれば、「活動への取りかかりに時間を要する日」にパニックが起きやすいのかを記録にとって確かめることができるだろう。

次に、子どもの行動から、どのように支援を考えるかである。同じパニックを見ても、ある教師は、自閉症だからパニックを起こしやすいと考えるかもしれない。ある教師は、体調がパニックに関係していると考えるかもしれない。また、ある教師は、見通しがもてずに混乱していると考えるかもしれない。

　このように、同じ行動を見ても、そのとらえ方は様々であり、それによって支援も変わってくる。

　パニックの原因は障害特性やそのときの体調であるという見方は、行動の理由を子どもの中に考えている。もちろん、こうした内的要因がパニックに関係しているかもしれない。しかし、内的要因そのものを教師が直接変えることは難しい。

　一方、睡眠不足のため体調が悪くなり、それがパニックにつながることが分かれば、睡眠不足が生じないように家族と対応を相談することができる。あるいは見通しがもてない状況で不安やストレスが生じ、それが原因でパニックにつながることが分かれば、見通しがもてるようにその状況を変えることができる。

　このように、子どもの行動に影響している外的要因を探れば、教師が変えることができる状況や対応を見いだせるのである。

　さらに、支援の見届けにかかわる問題がある。支援を行っても、その時々の様子からは、子どもの変化は見えにくい。変化が分からなければ、何がうまくいって、何が悪いのかも分からない。結局、試行錯誤の対応に陥り、一貫した支援を行うことは難しくなる。

　だが、継続的に子どもの行動を記録し、支援を行う前と比較して分析すれば、子どもの変化が見える。それをもとに、より確かな支援にしていくことができるのである。

　このように、子どもを見て、支援を考える鍵は、**子どもの行動を見て、それを起こしやすくしている外的要因を探る**ことにある。そして、その外的要因を変える支援を行い、支援の結果を見届けることである。

環境とのかかわりのなかで

　子どもの行動を見て、支援を考えるには、応用行動分析学の見方や考え方が役立つ。詳細は第2章で述べるが、その大きな特徴は、**環境とのかかわりのなかで子どもの行動をとらえる**ところにある（図1）。

　例えば、友だちをたたいてしまう子どもがいるとしよう。子どもだけを見るならば、乱暴な子ども、かっとなりやすい子ども、対人関係の困難さのある子どもとなるかもしれない。すると、そうした問題的な行動をなくすにはどうしたらよいかという発想になるであろう。そこからは、子どもに向けた一般的な対応や、その行動を起こしたらどうするかという対処しか出てこない。

●図1　環境とのかかわりのなかで子どもの行動をとらえる

　一方、環境とのかかわりのなかで子どもの行動を観察したらどうであろう。四六時中、友だちに乱暴しているように思えても、友だちに乱暴するときと、そうでないときがあることが分かる。それも、最近、急に増えてきたなど、変化していることもある。なぜ、行動の現れ方が違うのだろうか。

　乱暴するときにはその理由があり、しないときにもその理由があるはずである。この理由こそ、**行動問題の背景にある教育的ニーズであり、それが分かれば、その理由に基づいて子どものもてる力を高める支援を考えていくことができる**のである。そして、その理由を周囲の状況や対応の中に探ることによって、たとえ子どもに内的要因があったとしても、わたしたちが変えることができる周囲の状況や対応を見いだすことができるだろう。

ポジティブ行動支援

　とりわけ、応用行動分析学の目指すところは、単に行動問題を減らすことではなく、インクルーシブな環境におけるQOL（生活の質）の向上である。その中心的なアプローチは**ポジティブ行動支援（PBS：Positive Behavior Support）**と呼ばれる。それは、わたしたちが、子どもの行動問題を前にして、その背景にある教育的ニーズを理解し、もてる力を高める支援を考えることを助けてくれる。

　以下にその特徴をあげておこう。

① 行動問題の低減からQOLの向上

　支援の目標は、QOLの向上につながる適切な行動を拡大することであり、その結果として、行動問題を起こさなくてすむようになる。

② 「なぜ、そのように行動するのか？」の理解

　環境とのかかわりのなかで子どもの行動を観察し、「なぜ、そのように行動するのか？」という理由を探る。それによって、子どものもてる力を高めるために、周囲のわたしたちが何をすればよいかが分かる。

③ 予防への焦点

　行動問題の理由が分かれば、どのようなときに起きやすいのかを予測することができ、予防することができる。それは、単に行動問題を起こさない周囲の配慮にとどまらず、子ども自らが適切な行動をしやすい状況を積極的につくりだすことを含む。

④ 前向きな支援の重視

　子どものもてる力を高めるよう、適切な行動を拡大する支援を重視する。そのために、子どもが様々な活動に参加し、成功や満足が得られ

るよう、そして自ら働きかけ、要求を実現できるように周囲の状況や
対応を改善する。

⑤ **包括的な支援の計画**

行動問題の理由に応じて、多様な支援を組み合わせる。行動問題が起
きる前に予防する支援、子どものもてる力を高める前向きな支援、そ
して行動問題が起きた時の対応を含め、支援は包括的に計画する。

⑥ **嫌悪的な方法の最小化**

行動問題が起きた時に、強く叱責したり、その場から引き離したり、
拘束したりすることは、危険を回避する一時的な対応として位置づけ、
その先に前向きな支援を考える。

⑦ **環境や人々に適合した支援**

園や学校、家庭、地域において、子どもを取り巻く状況は異なる。イ
ンクルーシブな環境における参加を促進するためには、それぞれの場
で子どもにかかわる人々が実行しやすい支援を考えたり、実行するた
めの条件を整備したりする。

⑧ **生活全般・ライフステージへの視点**

子どもの生活全般を視野に入れる。それも、幼児期から、学齢期、学
校教育終了後へとライフステージを見据えた支援を考える。

　このような**ポジティブ行動支援を学校規模で行うのがスクールワイド
PBS**である。これは、学校を安全で学びやすく、社会性を伸ばせる環境に
していくものである。図１に示すように、すべての子どもに対する適切な行
動の育成を行う第１層支援を土台として、リスクのある行動を示す子どもに

対する第２層支援、さらに、あるいは同時に深刻な行動を示している子ども
に対する個別的な第３層支援を行う[*3]。それによって、不適応を予防し、個
に応じた支援を確実にする。

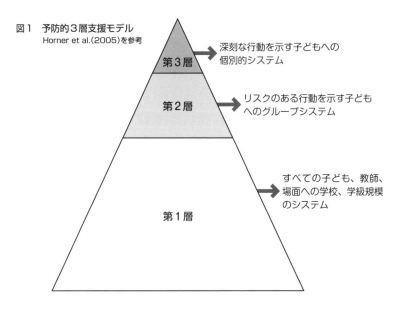

図１　予防的３層支援モデル
　　　Horner et al.(2005)を参考

第３層　→　深刻な行動を示す子どもへの
　　　　　　個別的システム

第２層　→　リスクのある行動を示す子ども
　　　　　　へのグループシステム

第１層　→　すべての子ども、教師、
　　　　　　場面への学校、学級規模
　　　　　　のシステム

　子どもに合わせた支援を考えるために、思いこみやあてはめの支援から脱
却したい。それも、子どものもてる力を高めるために、単なる行動問題への
対応から、適切な行動を促す支援を考えたい。そのためには、教師が日々行
っている「子どもを見て、支援を考える」ことをより確かなものにしていく
ことが近道となる。

　応用行動分析学は、子どもの行動を観察し、それに基づいて子どもの教育
的ニーズに迫る支援を考えることを助けてくれる。第２章では、その具体的
な方法について解説しよう。

---

*2　スクールワイドPBSは国際組織のもと世界的に普及している。我が国においても国際組織の日
　　本支部として、2017年にポジティブ行動支援ネットワークが設立され、多くの実践や研究が進
　　められている。

*3　行動問題を示す子どもには機能的アセスメントに基づく支援のエビデンスが蓄積されており、米
　　国では障害児教育制度に位置づけられている。

第2章

子どもの行動を見て
支援を考える方法

子どもの行動を見て、
支援を考える方法について、応用行動分析学をもとに解説する。
思いこみやあてはめから脱却し、
子どものもてる力を高める支援のポイントを
押さえていこう。

① パニックの原因は不安やストレス?

　時々パニックを起こすケンタ君に、担任はいろいろと考え支援してきた。その支援は、ケンタ君に合ったものだったのだろうか。

ストレスを与えないように…

　ケンタ君は、特別支援学校の小学部3年生の男子で、自閉スペクトラム症がある。ことばは話せず、自らの意思表示も乏しい。担任の働きかけには応じるが、時々、大声をあげて、自分の頭をたたくパニックを起こした。

　担任は、ケンタ君がパニックを起こさずに穏やかに過ごしてほしいと思った。そして、なんらかの不安やストレスがパニックの原因かもしれないと考え、なるべくストレスを与えないように、活動は促さず、好きな水遊びを多くさせることにした。それでも、パニックが起きてしまったら、不安がなくなるまで、抱きしめて待つことにした。

そうした対応を続けるなかで、ケンタ君は安定してきたように思えた。その矢先、好きな水遊びの最中にも、何も促さないときにも、パニックを起こすようになった。担任はケンタ君に合わせているのにどうしてパニックが増えたのか、とても困惑している。

 ## この支援でよかったのだろうか

担任は、ケンタ君に合わせた支援を考えた「つもり」である。しかし、パニックは増えてしまった。なぜ、支援がうまくいかなかったのだろうか。担任がどのように支援を考えたのか、確認してみよう。

①パニックを起こさずに穏やかに過ごしてほしい。

②パニックの原因は不安やストレスである。

③無理をさせず、好きなことをしていれば、それは回避できる。

④パニックが起きても、不安がなくなるように抱きしめて、待てばよい。

だれでも、子どもに穏やかに過ごしてほしいと願う。だが、パニックを回避することがそのまま、ケンタ君の穏やかに過ごす力につながるだろうか。

次に、不安やストレスが原因という一般論がケンタ君にあてはまるだろうか。また、無理をさせずに、好きなことをしていればパニックは防げる、あるいは抱きしめれば不安がなくなるということの根拠は何であろうか。好きと思える水遊びも、本当は好きでないかもしれないし、それしかできなければ好きでなくなるかもしれない。

さらに、担任のこうした対応のなかで、ケンタ君のほうでは何を学んでいるのかである。

このように、担任は子どもに合わせて支援を考えた「つもり」であっても、いくつもの行き違いが生じうる。大切なことは、**何を根拠として支援を考えるかであり、その根拠は目の前のケンタ君の行動**なのである。

なぜ、そのように行動するのか？

担任の意図とは反対に、ケンタ君のパニックは増えてしまった。なぜだろうか。行動が学習されるメカニズムから見てみよう。

行動が学習されるメカニズム

わたしたちの行動は、内的要因をもちながら、日々の経験のなかで学習される。その学習には、行動をした後に生じる結果が大きく影響する。例えば、スーパーでお母さんが「アイスは買いません」と言っているとしよう。子どもは「アイス、アイス」と大声を出す。たまりかねて、お母さんはアイスを買ってしまう。こうした経験のなか、子どもは大声を出せば、ほしい物を買ってもらえることを学習していく。

このように、ある行動（B：Behavior）に後続する事象（C：Consequence）が、以降、その行動（B）を起こしやすくする働きを「強化」[※3]と呼ぶ（図2）。すなわち、ある行動が増えているときには、その行動を強化する後続事象[※4]が生じていることになる。

ケンタ君の場合はどうだろう。ケンタ君がパニックを起こしたら、起こす前にはなかった「担任が抱きしめる」という対応が生じた。こうした経験が繰り返されるなかで、パニックが増えていった。つまり、**「担任が抱きしめる」対応がパニックを強化**していたのである（図3）。したがって、パニック

※3　強化
強化には「正の強化」と「負の強化」がある。ある状況で、ある行動をしたら、「生じる結果」によってその行動が増える場合に正の強化という。ある状況（通常はいやなことがある状況）で、ある行動をしたら、「なくなる結果」によってその行動が増える場合は負の強化という。

※4　後続事象
ある行動に後続する事象は、周囲の対応やその行動によってもたらされる内的・外的である。本書では、「生じる結果」「なくなる結果」としている。

の原因は不安やストレスにあるという一般論はあてはまらない。またパニックを起こしたら抱きしめることが、担任の意図とは逆に、パニックを増やす対応になっていたのである。

●図2　行動が学習されるメカニズム
　　　　応用行動分析学では、「先行事象（Antecedent）」「行動（Behavior）」「後続事象（Consequence）」を3点セット（行動随伴性）で考える。これをそれぞれの頭文字をとって、「ABC分析」という。

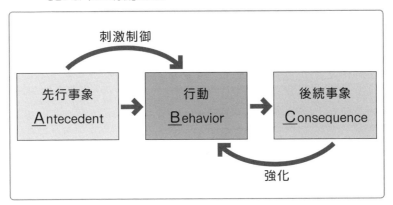

●図3　ケンタ君のパニックのABC

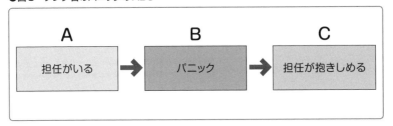

※5　行動随伴性
ABCの機能的な関係を行動随伴性という。行動随伴性を知ることで、「なぜ、そのように行動するのか?」という理由が分かり、その行動を変えるために、わたしたちが変えることができる状況や対応を知ることができる。ABCから行動の理由を探ることを、機能的アセスメントという。

行動が増えるもう一つのパターンとして、ある行動をしたら「なくなる結果」がその行動を起こりやすくすることがある。

　ケンタ君の場合、パニックを起こしたら、パニックを起こす前にあった「活動を促す」という働きかけがなくなったとする。その経験でパニックが増えていけば、**「活動の促しがなくなる」ことが強化となっている**といえるのである（負の強化）。

　さらに、A（先行事象）[6]にも注目してみよう。ある行動が強化されるときには「ある」が、強化されないときには「ない」状況や刺激が、その行動を引き起こしやすい先行事象（A）となる。ケンタ君は、担任がいるときにパニックを起こしたら抱きしめてもらえたが、担任がいないときにパニックを起こしても抱きしめてもらえない。つまり、担任がいないときには強化が得られない。こうした経験のなかで、**担任の存在は、パニックを引き起こしやすい先行事象（A）となっていく**のである。

 # 行動が起きる理由

　困った行動の場合、これまでに図4のような理由が明らかにされている。ある行動によってほしい物やかかわり、感覚刺激が得られたり、したい活動ができたりすることがある一方で、いやな物やかかわり、いやな感覚刺激がなくなったり、いやな活動をしなくてすんだりすることが理由になる場合もある。その行動が生じる状況（A）や対応（C）によって、その行動（B）の理由は違うのである。

　コミュニケーションに困難さのある子どもの場合、困った行動が周囲の注目や活動や物を獲得したり、いやな注目や活動や物から逃れたりする手段となっていることがある。したがって**ABCは、その子どもがそうした状況で**

※6　先行事象
先行事象は、それがあるときにその行動が強化されることを知らせる手がかりとしての働きをもつとともに、強化力を一時的に変える働きをもつこともある。例えば、かかわりが少ない状況は、「かかわる」という強化の力を高める。一方、かかわりが多い状況は、「かかわる」という強化の力は弱める。本書では、活動や設定、かかわりなど、その場面において当該の行動の起こりやすさに影響する諸条件を「状況」としている。

困った行動のほかに適切な行動がうまくできない、という教育的ニーズを教えてくれるのである。

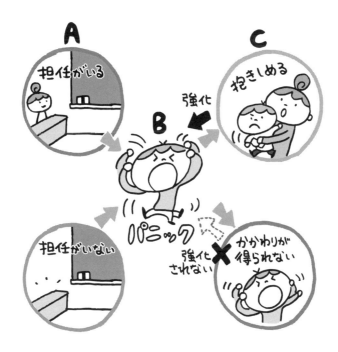

●図4　困った行動の理由

機　能	生じる結果	なくなる結果
注　目	・注目が少ない状況で、その行動をすると周囲の注目が得られる	・いやな注目がある状況で、その行動をすると、それがなくなる
活動や物	・ほしい物や活動が入手できない状況で、その行動をすると入手できる	・いやな物や活動がある状況で、その行動をすると、それがなくなる
感覚刺激	・することがない状況で、その行動をすると、感覚刺激が得られる	・いやな感覚刺激がある状況で、その行動をすると、それがなくなる

　　　　　行動の形は異なっても、同じ機能をもつ場合がある（反応クラス[7]）。

※7　反応クラス
同じ結果で維持される行動群のことをいう。「大声を出す」ことと、「先生と呼ぶ」ことが、いずれも教師の注目を獲得するならば、同じ反応クラスの行動である。

③ 子どもの行動を観察する

　ＡＢＣを見つけるために、まずは子どもの行動を観察してみよう。観察の鍵は、困った行動を起こすときと、起こさないときのＡＢＣにある。

ＡＢＣが見える記録

　新たに記録をとる前に、これまでの指導記録や連絡帳、関係者による話など、その子どもに関してすでにある情報を整理することから始めるのがよい。その際に、重要なのは、**ＡＢＣが見えるような形で情報を整理すること**である。

　図5は、ケンタ君の担任が4月当初にノートにとっていた、ケンタ君の行動の記録である。

　この記録から何が分かるだろうか。

　まず、「パニックを起こした日と起こさなかった日がある」ということは分かる。しかし、「どんな状況で、パニックを起こす（起こさない）のか」「パニックを起こすと（起こさないと）、どんな結果が生じているのか」は分からない。

　つまり、この記録からは、ＡＢＣが見えない。

　そこで、ＡＢＣが見えるようにノートに項目を入れて、担任に情報を書き加えてもらった（図6）。

　今度は、どうであろう。

　先の記録よりもずっと、パニックを起こす（起こさない）状況や対応が見えてきたのではないだろうか。

●図5　4月当初のノートの記録

・4/7（火）　登校時から機嫌が悪く、パニックを起こした。家で何かあったか。

・4/13（月）　パニックを起こし、1日中、調子が悪かった。活動がストレスなのか。

・4/15（水）　水道を流して、とても喜んでいた。水遊びが好きなのか。

分かること
・パニックを起こした日と起こさなかった日があることは分かる。
・どんな状況で、パニックを起こす（起こさない）のかは分からない。
・パニックを起こすと（起こさないと）、どんな結果が生じているのかは分からない。

●図6　ABCが見えるように工夫したノート

A いつ・どこで・だれと・何をしている状況で	B どんな行動をし	C どう対応した（てん末）	備考
・4/7（火）9:30　始業式 教室で、担任が体育館への移動を促すと	パニックを起こし	抱きしめてなだめたら、しばらくして落ち着いた（始業式には出ていない）	朝から不機嫌、家で何かあった？
・4/13（月）10:00　授業 教室で、担任が国語の課題を促すと	パニックを起こし	そばに行き、なだめたら、落ち着いた（課題はしない）	課題はストレス？
・4/15（水）13:00　昼休み 水飲み場に一人でいる	水遊びをする	笑顔で遊んでいた	水遊びが好き？

分かること
・教室で担任が何かを促すときに、パニックを起こしている。
・パニックを起こすと、担任がなだめ、結局、活動をしなくてすんでいる。
・昼休みには、水遊びをして楽しんでいる。

おおまかな情報の収集

　とはいえ、登校から下校までの間、逐一子どもの詳細な記録をとることは現実的ではない。そこで、情報収集の手順として、まずは、**おおまかな情報によって、子どもが当該の行動を起こしやすい状況を特定し**、次にその状況で観察を行うのがよい。

　おおまかな情報の収集に役立つのは、カレンダーや時間割、日課表などである。とりわけ、園や学校では、日や時間ごとに活動が組織されている。それらと照らして、当該の行動を起こしやすくしている（起こしにくくしている）要因を検討することができる。

　そこで、カレンダーを用いた記録を行った。ケンタ君がパニックを起こした日に○をつけてもらったのである（図7）。

　このようにおおまかな記録であっても、重要な情報を得ることができる。生育歴や各学年の様子も同様に整理すると、行動のパターンがつかみやすくなる。

　さて、記録のねらいは、ケンタ君がパニックを起こすときと起こさないときのABCを知ることである。そこで、もう少し詳しい情報を得るために、今度は時間割を使って記録をとってもらった。ケンタ君の5月の終わりの様子について、パニックが起きた時間に○（1回）、◎（複数回）をつけてもらったのである（図8）。

　この記録からは何が分かるだろうか。

　担任は、4月当初の様子から、活動を促すことがケンタ君のストレスになり、それがパニックを起こす原因であると考えていた。しかしこの記録を見ると、活動を促さない昼休みにもパニックが起こり、活動が促される授業中にはあまり起きていない。

　このように記録を分析してみると、どうも実際は、担任のとらえとは違うようである。

●図7　カレンダーを用いた記録

4月				
月	火	水	木	金
		1	2	3
6	7 ○	8 ○	9 ○	10 ○
13 ○	14 ○	15 ○	16	17
20	21 ○	22	23	24
27	28	29	30	

5月				
月	火	水	木	金
				1
4	5	6	7	8
11	12	13	14	15
18	19 ○	20 ○	21 ○	22
25	26 ○	27 ○	28 ○	29

分かること
- ・4月7日の始業式から連日パニックを起こしている。
- ・それでも、4月半ばには起きない日も増え、5月は起きない日が続いている。
- ・5月の終わりに再び連日起きるようになった。
- ・4月当初は、新しいクラスで、初めてのことが多かった。

●図8　時間割を用いた記録

日課	月	火	水	木	金
登校		○			
1限	日常生活	日常生活 ○	日常生活	日常生活	日常生活
	朝の会	朝の会	朝の会	朝の会	朝の会
2限	国語	算数	国語	算数	国語
休み時間		◎			
3限	生活単元	自立活動	学年 ○	生活単元	生活単元
4限	生活単元	自立活動	学年 ○	生活単元	生活単元
給食					
昼休み		◎	◎	◎	
5限	音楽	生活単元	生活単元	音楽	生活単元
6限	日常生活	日常生活	日常生活	日常生活	日常生活
	帰りの会	帰りの会	帰りの会	帰りの会	帰りの会
下校					

分かること
- ・パニックを起こした時間と起こさなかった時間がある。
- ・昼休みに多く起きている。
- ・昼休みでも起きないときもあり、授業中にもあまり起きていない。

状況を特定した観察記録

　おおまかな記録から、昼休みにパニックを起こしやすいことが分かった。そこで、昼休みに時間を絞って、ケンタ君の行動を観察し、パニックを起こしたときと、起こさなかったときについてABCが見えるように記録をとってもらった（図9）。このとき、子どもとの相互作用を矢印で記入すると、どんな状況で、どう対応して、最終的にどうなったのか（てん末）がとらえやすくなる。

記録からABCを見つける

　次に、記録からABCを見つけてみる。ポイントは次の2つである。

①その行動（B）を起こすと「生じる結果」あるいは「なくなる結果」（C）は何か？
②その行動（B）を起こすときには「ある」が、起こさないときには「ない」状況（A）は何か？

ケンタ君の場合、

①パニックを起こすと（B）、担任のなだめる、抱きしめるというかかわりが生じている（C）。
②パニックを起こすときには、担任がいるがかかわりがない状況（A）があり、パニックを起こさないときには、担任がいてかかわっている。

　このようにして、記録からABCを見つけたものが図10である。5月の昼休みに起こりやすいパニックは、担任がいるがかかわりが得られない状況（A）で、それを起こすと（B）、担任のかかわりが得られる（C）ことによって強化されていることが分かる。

●図9　5月の昼休みのパニックの観察記録

A いつ・どこで・だれと・何をしている状況で	B どんな行動をし	C どう対応した（てん末）	備考
・5/25（月）　昼休み 教室で、担任はケンタ君に水を入れたビンを見せ、遊びに誘う	・ビンを受け取る → ・ビンを揺らし遊ぶ →	・きれいだねと声かけ ・そばにいて見守る	好きな水遊び
・5/26（火）　昼休み 教室で、担任は連絡帳を書いている	・水遊びをしている → ・担任のそばに来る → ・パニック →	・連絡帳を書いている ・連絡帳を書いている ・なだめる、抱きしめる （パニックが治まる）	

ケンタ君がそばに来たら、先生は
連絡帳を書いていたし、パニックを
起こしたら、なだめ、抱きしめた。

「昼休み」、「教室」、「担任がいる」
は両方にある。

↓

「担任のなだめる、抱きしめる」
というかかわりがCだ！

↓

「担任がかかわっているか、いないか」
が違う。これががAだ！

もし特定のAが見つからなくても、
「いつ」「どこで」「だれと」「何をしている」状況で
パニックを起こすのか分かれば、
その状況を変えられる！

●図10　5月のケンタ君のパニックのABC

A	B	C
昼休みの教室 担任がいる かかわりが得られない	→ パニック →	担任のかかわり

一方、4月当初のパニックについて、同様に記録（P.27図6）を分析し、まとめてみた（図11）。この場合、教室で担任から活動を促される状況（A）で、パニックを起こすと（B）、活動をしなくてすむ（C）ことによって強化されていることが分かる。

●図11　4月当初のケンタ君のパニックのABC

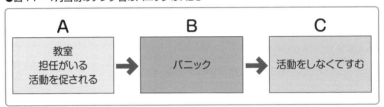

 記録から見えること

　ケンタ君の場合、担任はパニックの原因はストレスにあると考え、ストレスを与えないように無理な活動を促さず、好きな水遊びを取り入れるようにした。

　記録を見直すと、初めてのことが多かった4月には、そうした対応を続けるなかでパニックは減っており、担任が行った無理な活動を促さない対応は、あながちまちがいではなかったといえるだろう。

　しかし、5月の記録を分析すると、活動を促さなくても、担任がいるがかかわりが得られない状況で（A）、パニックを起こし（B）、担任のかかわりを得る（C）ようになっている。

　同じように見えるパニックであっても、ABCが異なれば、支援のしかたも異なる。したがって、4月と同じように、活動を促さないという対応をしても、5月のパニックには効果がないということになる。このように、記録からABCを見つけることが、有効な支援の第一歩なのである。それでは、なぜ、4月と5月では、パニックを起こす理由が変わったのだろうか。

4月は、初めての活動が多かった。そこで、担任が無理な活動は促さないようにしたことで、パニックを回避することができた。しかし、それは担任の配慮であって、ケンタ君の力でパニックを起こさなくてすむようになったわけではない。

　同時に、こうした対応のなかで、パニックを起こすと、担任になだめてもらえることも経験した。つまり、ケンタ君のほうでは、パニックが担任のかかわりを得る手段となることも学んだのである。そこで、昼休みのように、担任がいてもかかわりが得られない状況で、それもほかにすることもなければ、パニックが起こりやすくなったのである。

　このように、**記録をとってみると、直感的に思っていたことが裏付けられたり、思っていたこととは違う理由が見つかったりする。**そこからは、担任が変えることができる状況や対応のヒントが得られそうである。

④ ABCから支援を考える

　記録で見つけたＡＢＣから支援を考えてみよう。右ページに示した支援検討シート（図12）を用いると、その行動を起こす理由に対応した支援を検討することができる。

ABCから行動の理由を探る

　図12を見てみよう。困った行動を起こさざるを得ない直接的な理由は、真ん中のルートである。ある状況で（Ａ）、子どもがある困った行動をし（Ｂ）、それによってある後続事象が生じたり、なくなったりしている（Ｃ）ことで強化されている（中央矢印）。

　困った行動が生じる根本的な理由は、現在、子どもはそうした状況でほかの適切な行動ができないことにある。適切な行動の一つは、その場の状況（Ａ）から考える望ましい行動[※8] である。望ましい行動を起こしやすい状況をつくり（Ａ）、うまくできるように支援し（Ｂ）、達成や満足が生じれば（Ｃ）、困った行動を起こしにくくなる（上矢印）。

　もう一つは、結果（Ｃ）から考える代わりの行動[※9] である。困った行動の代わりに、より適切な行動（Ｂ）によって同じ結果が生じたり、なくなったりすれば、困った行動を起こす必要がなくなる（下矢印）。

　このように、現在の困った行動のルートから、**適切な行動をしやすいルートにいくようにすれば、子どものもてる力を高め、困った行動を起こさなくてもすむように**できるのである。

※8　望ましい行動
その場の状況（Ａ）から考える達成や満足の得られる望ましい行動は、子どもの年齢や実態、その場の状況によって異なり、様々である。例えば、休み時間には、友だちと一緒に活動する、一人で好きなことをするなどがあげられる。授業時間には、課題に取り組む行動があげられる。

ケンタ君の場合はどうだろう（図13）。

ケンタ君がパニックを起こす直接的な理由は、昼休みの教室で、担任がいるがかかわりが得られない状況（A）において、パニックを起こす（B）と、担任のかかわりが得られる（C）ことである（中央矢印）。

では、その状況（A）において、ほかの望ましい行動（B）によって、達成や満足が得られる（C）だろうか（上矢印）。また、その状況において、パニックのほかに担任のかかわり（C）を得る手段（B）を持ち合わせているだろうか（下矢印）。

●図12　支援検討シート

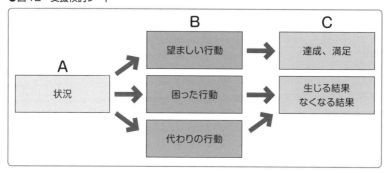

●図13　ケンタ君のパニックへの支援

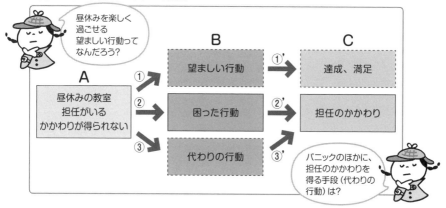

※9　代わりの行動
結果（C）から考える代わりの行動は、同じ結果を得る、より適切な行動である。大声を出して、ほしい物を得ているならば、ほしい物を要求する、より適切なやり方を育てるチャンスである。

つまり、現在図13の②のルートであるところを、①や③のルートにいく
ようにすればよいのである。ケンタ君の場合、①昼休みの教室で水遊びのほ
かに役割や活動で楽しく過ごせたり、③パニックの代わりに、担任のかかわ
りを得る行動ができたりすれば、②パニックを起こす必要がなくなる。

　しかしケンタ君は、昼休みに、好きな水遊びはできるが、それ以外に楽し
める活動はない。また、担任のそばに来る以外は、担任にかかわりを求める
手段はない。これがケンタ君がパニックを起こさざるを得ない根本的な理由
である。

 # 行動の理由に基づいてABCを変える

　そこで、次の3つのルートから、ケンタ君の支援を考えてみよう。

①望ましい行動を起こしやすい状況をつくり、その行動を強化する結果
　が生じる。
②困った行動を起こしやすい状況を変え、その行動を強化する結果が生
　じない。
③代わりの行動を起こしやすい状況をつくり、その行動を強化する結果
　が生じる。

　ここでのポイントは、①や③の支援する行動が困った行動より効果的なこ
とである。もし、これまでしてきた困った行動のほうが、ケンタ君にとって
効果的ならば、ルートを変えることは難しくなる。

　そこで、①と③については、**子どもにとって行うのが容易な行動を選び、
その行動に対して即時に確実に毎回効果が生じるように対応する**必要がある
（効率性）。[10]

※10　効率性
効率性は、子どもの行いやすさと、強化の即時性、確実性である。これまで行ってきた困った行動よりも、
新たに獲得する適切な行動のほうが効率的ならば、子どもは適切な行動のほうを使うようになる。

　図14は、このような支援の考え方をまとめた手だてシートである。手だ
ては一つではない。

●図14　手だてシート

事前の対応 **A** を変える		実行性
① 望ましい行動を起こしやすいAをつくる	昼休みに、水遊び以外にも楽しく過ごせる役割や活動を設定する	◯
② 困った行動を起こしやすいAを変える	担任がいるときにはケンタ君にかかわる	◯
③ 代わりの行動を起こしやすいAをつくる	パニックの代わりにできる「担任のかかわり」を要求する行動（担任のそばに来る）に注目する	△

事後の対応 **C** を変える		実行性
①' 望ましい行動を起こしたら達成や満足が得られる	昼休みに、役割や活動をしたら、ほめる、一緒に遊ぶ	◯
②' 困った行動を起こしてもCが生じない	パニックを起こしても抱きしめたり、なだめたりせず、好きな活動に切り替えてかかわる	✕
③' 代わりの行動を起こしたら、困った行動で得ていたCが即時に得られる	代わりの行動（担任のそばに来る）には、即時にかかわる	△

①や③の支援する行動が、今、起こしている
困った行動より効果的であることがポイント。
そのためには、

・①と③は、子どもの行いやすい行動を選ぶこと
・①と③の行動には即対応し、結果が生じること
が大切である。

ケンタ君の場合、直接的には、パニックを起こしやすい状況（A）を変え、パニックを起こしても（C）が生じない対応にすることによって、パニックを起こしにくくできる（図14の②と②'）。

　根本的には、その状況においてほかの望ましい行動を起こしやすい状況（A）をつくり、それが達成や満足につながるようにする（図14の①と①'）。また、パニックの代わりにかかわりを求める行動を起こしやすい状況（A）をつくり、その行動の結果（C）が即時に毎回得られることによって、パニックを起こす必要がなくなるようにする（図14の③と③'）。

　パニックを起こす前にできる「事前の対応」のほうが、パニックを起こしてからの「事後の対応」よりも行いやすいだろう。特に、危険な行動や周囲を巻き込む行動の場合、②（困った行動を起こしやすいAを変える）は優先事項である。かつて、担任が4月に行った「活動を促さない対応」は、これに当てはまる。

　しかし、パニックというやり方で、ケンタ君は、「先生、かかわって！」、「水遊び以外にも楽しく過ごしたい！」と訴えている。したがって、根本的には、その場を楽しく過ごせ（図14の①）、子ども自らが働きかけられる（図14の③）ように子どものもてる力を高めたい。

確実にできる支援を見つける

　とはいえ、できないことは、机上のプランでしかない。子どもの実態や周囲の状況に応じて、確実にできる支援から取り組み、それを行うなかで子どもの育ちに迫ればよい。そのためには、図14のようにそれぞれの支援について実行性を検討するのがよい。

　担任に、すぐに取り組めそう（○）、取り組めるときもありそう（△）、取り組めない（×）をつけてもらった。

　②の「担任がいるときにはかかわる」については、連絡帳をつける作業

をほかの時間に回せば、すぐ取り組めそう（○）であった。①の「昼休みに、水遊び以外にも楽しく過ごせる役割や活動を設定する」については、昼休みの過ごし方を広げたいと考えていたので、取り組めそう（○）であった。

　一方、昼休みの教室では、ケンタ君だけに注目していられないので、③'の「代わりの行動（担任のそばに来る）には即時にかかわる」については見逃してしまうかもしれない（△）。また、②'の「パニックを起こしても、抱きしめたり、なだめたりせず、好きな活動に切り替えてかかわる」については、これまで、パニックを起こしたら、不安がなくなるように抱きしめてきたので、急に変えられない（×）ということであった。そこで、まずは、①と②を行ってみることにした。

5 支援を行い、見届ける

　今行っている支援がよいのかどうかを見届けなければ、思いこみやあてはめに逆戻りである。そうならないためにも観察と記録が必要である。

観察する行動を決める

　観察する行動は、支援によって変化を期待する行動である。

　ケンタ君の場合、支援によって、パニックを起こさなくてもすむようにしたい。そこで、観察する行動は「パニック」とした。ただし、ひと口にパニックといっても、具体的な行動は様々であろうし、見る人によって表現も違うだろう。そこで、**観察して、記録ができるように行動を具体化することが重要**である。

　ケンタ君の場合、観察する行動は「大声をあげて、自分の頭をたたく行動」とした。

記録のとり方を決める

　観察する行動の起こり方や支援の目的に応じて、変化が見えやすい記録のとり方を決める。もちろん、事前の観察の段階から、記録のとり方を決めておければよいが、日々の実践においては、そこでつかんだ子どもの様子から決めていくのが現実的であろう。

そこで次のようなことのなかから、何を記録すればよいのか考えてみる。

①その行動が起きたかどうか

②その行動が起きた回数

③その行動が起きるまでの時間

④その行動が起きてからやむまでの時間

⑤その行動の強さや程度

①は基本である。日に何回も起きる行動の場合は②を、その行動が起きるまでの時間が問題ならば③を、起きてからの時間が問題ならば④を、その行動の強さが問題の場合には⑤を選べばよい。

ケンタ君の場合、日に何回もパニックを起こすことがあった。また、パニックを起こしている時間も長かった。そこで、②パニックを起こした回数と、④その持続時間を記録することにした。

記録をとる

　P.29の図7、8のように、**観察で用いたカレンダーや時間割をそのまま用いると支援による変化が比較しやすい。**

　また、図15のように、**観察する行動の回数や時間をあらかじめ記入した記録用紙を用意し、印をつけてもよい。**

　さらに、こうした記録は図16のように**グラフにすると変化が見えやすい。**その際には、支援を行う前の時期（ベースライン期）と支援を導入した時期（支援期）を区別する線を入れると、支援の効果がつかみやすい。

　このような記録は、教師が支援を行いながらとるほかに、支援員などの第三者や子ども自身にとってもらうことも考えられる。またビデオカメラで録画し、後で分析することもできる。ビデオカメラの場合には、当該の子どもだけでなく、周囲の状況や対応が分かるように、教室の後ろにカメラを固定し、広角レンズで定期的に撮影するとよい。

　ケンタ君の場合、担任はカレンダーに、パニックを起こした回数とその持続時間を記録することにした。

●図15　記録用紙の工夫

回　数　　　日　付	6/8	6/9	6/10	・・
①5回未満				
②5回以上10回未満				
③10回以上	○		○	

継続時間　　　日　付	6/8	6/9	6/10	・・
①5分未満			○	
②5分以上10分未満				
③10分以上	○			

パニックを起こした回数と、その持続時間について、該当箇所に○をつければOK！

●図16　グラフを用いた記録

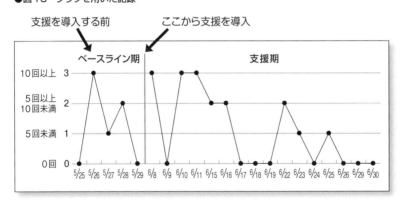

支援を導入する前

ここから支援を導入

ベースライン期　　　　支援期

記録をもとに支援を見直す

　支援を見届ける上で最も大切なことは、1回1回の結果に左右されることなく、**全体としてこの支援はうまくいっているのかどうかを検討する**ことである。

　毎日行う支援の場合、少なくとも1週間、できれば2週間は内容を変えずに様子を見たい。

　支援の機会が月に数回のような場合は、もっと長いサイクルが必要である。個別の指導計画を更新する学期ごとの評価でもよい。

　ケンタ君の場合、支援を開始した6月8日から、1週間ごとに記録を検討した（図17）。

　支援を開始した最初の週、ケンタ君は以前と変わらず、日に5回以上、それも10分以上続くパニックを起こしていた。しかし、次の週からは、パニックを起こす日と回数が減り、時間も短くなってきた。つまり、支援は効果的であったといえる。

　ポイントは、最初の週の記録であった。ケンタ君に合わせた支援を行っているのに、相変わらずパニックが起きている。以前ならば、「なぜ？」と悩んだ状況である。

　しかし今回、担任は記録をとって分析をしていたので悩まずにすんだ。つまり、ＡＢＣ分析でパニックが起こる状況と対応の関係がはっきり分かっていたので、ケンタ君が変わらないのは、支援が合っていないのではなく、こちらがその支援をうまく行えていないからであると考え、それによって支援を続けることができたのである。

　いうまでもなく、いくら子どもに合わせた支援であっても、**継続しなければ、子どもの学習は進まない**。担任は記録をとることで、支援を継続することができ、それがケンタ君の変化につながったのである。

●図17 カレンダーを用いた支援の見届け（6月〜）

6 月				
月	火	水	木	金
1	2	3	4	5
8 → ③ ③	9	10 ③ ①	11 ③ ③	12
15 ② ①	16 ② ①	17	18	19
22 ② ①	23 ① ①	24	25 ① ①	26
29	30			

7 月				
月	火	水	木	金
		1 ① ①	2	3
6 ① ①	7	8	9	10
13	14	15	16	17
20	21	22	23	24
27	28	29	30	

数字は図15の記録に対応
左：回数　①5回未満、②5回以上10回未満、③10回以上
右：持続時間　①5分未満、②5分以上10分未満、③10分以上

6月8日に支援を開始してから1週間、
変化がないのはなぜ？

支援が合っていないのではなく、
支援がうまく行えていないからだ。

支援を続けよう。

2週目から、パニックが減ってきた！

6 支援を更新する

仕上げは、よりよい支援に更新していくプロセスである。まず、これまでの支援によって、子どもの行動がどう変化したか見てみよう。

 ## 子どもの変化に対応して

子どもの行動を記録し、分析すると、その行動が変化しているか、変化していないかが分かる。変化している場合には、子どものもてる力を高めるように、さらに支援をバージョンアップしていける。変化していない場合には、何を改善すればよいのかを検討していくことができる。

ケンタ君の場合、支援を行うことによって、パニックは回数も持続時間も減少してきた。特に7月になると、パニックを起こす時間が短くなっただけでなく、ビーズを水入りのペットボトルに入れて楽しむなど、昼休みに設定した適切な遊びに関心を示したり、教師のそばに来るなど自らかかわりを求める行動を見せるようになった。

そこで、9月には、担任がケンタ君にかかわることでパニックを起こさないようにすることから、ケンタ君が自ら、担任にかかわりを求める行動を起こすことを教える支援に進むことにした。そして、観察する行動も、「担任にかかわりを求める行動」に変えた。ケンタ君の実態から、最初は「①担任のそばに来る行動」に対して即時にかかわることにした。それが安定して起きるようになったら、「②手を伸ばす行動」を促し、それにかかわる。さらに、「③自分で手を伸ばす行動」にかかわるというように、1週間ごとに記録を分析しながら、支援を進めた。

●図18　カレンダーを用いた支援の更新の記録（9月）

9 月				
月	火	水	木	金
	1 ①	2 ①	3	4 ①
7	8 ①	9 ①	10 ①	11 ①
14 ①	15 ②	16 ①	17	18
21 ②	22 ②	23 ②	24 ②	25 ①
28 ②	29 ③	30 ③		

①担任のそばに来る　②促しで手を伸ばす　③自分で手を伸ばす

ケンタ君がそばに来たら、担任はすぐにかかわる。

担任のそばに来る行動が、
安定して起きるようになってきた。

手を伸ばす行動を促すようにした。

ケンタ君が手を伸ばしてきたら、
担任はすぐにかかわる。

促さなくても、ケンタ君自ら、手を伸ばして
かかわりを求めるようになってきた！

9月の記録を見ると、ケンタ君は最初、①担任のそばに来る行動をしていたが、3週目には②促しで手を伸ばすようになり、9月の終わりには、③自分で手を伸ばしてかかわりを求める行動も出現した。次段階の支援もうまく進んでいるようだ。

　担任は、記録の効果を実感したという。その時々では子どもの変化は見えにくい。今回、記録をとり、それを分析することによって、子どもの変化が分かり、それが手応えになって支援を継続できたのだという。支援を継続すれば、子どもにとってもどのように行動すればよいか学びやすく、相乗効果がある。

 ## より確かな支援に向けて

　ケンタ君は、今やパニックを起こすことはほとんどない。一方、担任は、パニックが起きても問題はないという。なぜならば、ＡＢＣを分析すれば、その理由が分かり、そこから支援を考えていけるからだという。

　子どもが育つからこそ、かかわる環境も広がり、そこに軋轢^{あつれき}も生まれる。教師がこのような見通しをもっていれば、困った行動を前にして、子どものもてる力を高める支援を考えていくことができる。

　ＡＢＣから子どもの行動を観察し、それに基づいて支援を考える。その支援を行い、見届ける。それを繰り返し行うなかで、子どもの実態がより分かり、より確かな支援を実現していくことができるのである。

第**3**章

ケースから学ぶ

園や学校、家庭、地域において、子どもを取り巻く状況は異なる。それぞれの場に即した支援を考えたい。子どもに合わせた支援を考えるポイントは次の4点。

① 子どもの行動を観察する
② ＡＢＣから支援を考える
③ 支援を行い、見届ける
④ 支援を更新する

この4つのポイントに沿って、12のケースでの支援を見ていこう。

Case 1 　友だちとのかかわりの
なかで行う支援

　幼稚園や保育園、保育所は、子どもにとって、最初に出会う社会である。
毎日決まったスケジュールのなかで生活リズムを身につけ、遊びや活動を通
じて、人や物に出会い、かかわることの楽しさを経験していく。そして、そ
のなかで、かかわり方やルールを学んでいく。

　こうした場で、子どもが示す行動問題、特に友だちに手を出すような行動
は、友だちとのかかわりを阻害する。それによって、ますます友だちとのか
かわる力も育ちにくくなる。保護者にとっても、子育ての不安を増してし
まう。したがって、かかわりのなかで子どもを育て、保護者に見通しを提供
するという視点をもって支援に臨みたい。

友だちをたたいてしまう
タロウ君 ——— 幼稚園年中クラス

年中クラスになったら、急に…

　タロウ君は、年中クラスに在籍する4歳の男子で、自閉スペクトラム症を
有していた。ことばは話せるが、自分から話すことは少ない。友だちへの関
心は低く、一人で遊ぶことが多かった。ところが、年中クラスになってから、
急に友だちをたたく行動が増えてきたという。

　クラスは20名で、担任1名、担任は今春から担当していた。タロウ君が急に友だちをたたくようになったことに困惑している。担任が変わって、不安定になっているからだろうか。自分の対応に問題があるのだろうか。家庭で何かあったのだろうか。

　思案しつつも、相手に怪我をさせたら大変である。友だちをたたかないように、タロウ君が登園してからずっと付き添っているという。とても気が抜けない状況である。

　一方、タロウ君の保護者は「先生に迷惑をかけて申し訳ない」「家できつく注意します」と言っている。保護者の表情は暗い。早急に支援方針を伝え、安心してもらう必要があった。

　このままだと担任がまいってしまうし、クラスの子どもたちも心配である。そこで、園長がクラスに入り、担任を補助することにした。そして、園全体で話し合いをし、担任を支えることにした。さらに園長は、大学にも支援を要請し、問題を整理しながら、解決策を検討することにした。

　要請を受けた筆者は、担任に子どもを観察してもらいながら、一緒に支援を考えることにした。

Case 1　友だちをたたいてしまうタロウ君
幼稚園年中クラス

① 子どもの行動を観察する

友だちをたたくのはいつ、どんなとき?

　ある行動が急に増えてきているときには、その行動を強化する結果が生まれている。どんな状況で（A）、子どもがどんな行動をし（B）、どんな結果（C）が生じているのかを見つけるために、日課表を用いて、ここ1週間で、タロウ君の友だちをたたく行動が起きた活動に○をつけてもらった。

●日課表を用いたタロウ君の行動の記録

日課	4/20 (月)	4/21 (火)	4/22 (水)	4/23 (木)	4/24 (金)
登園	○				
準備					
朝の会					
課題					
遊び	○	○		○	○
昼食					
遊び			○		
身じたく					
帰りの会					
帰園					

　すると、プレイルームでの遊びの時間に友だちをたたく行動が起きており、それも午前に多いことが分かった。何か理由があるはずである。
　そこで担任に、午前の遊びの時間を観察してもらい、タロウ君がどんな状況や対応のときに友だちをたたくのか、たたかないのかを記録してもらった。
　観察した内容をABCで分析してみると、友だちがおもちゃを使っているとき（A）、友だちをたたくと（B）、友だちはおもちゃを放し、そ

52

のおもちゃで遊べた（C）ことが分かった。たたく相手は決まった友だ
ちではなく、たまたまそばにいて、タロウ君が使いたいおもちゃを使
っている子のようであった。

　一方、同じくプレイルームで友だちがそのおもちゃを使っていない
とき（A）には、友だちをたたかず（B）、おもちゃで遊べた（C）。

●タロウ君の友だちをたたく行動が起きたときと起きなかったときのABC

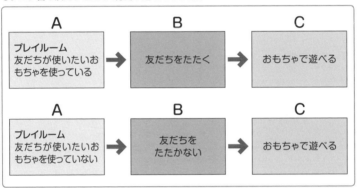

②ABCから支援を考える
友だちをたたかなくてすむように

　観察した内容をもとに、タロウ君が友だちをたたく行動の理由を考
えた。自分が遊びたいおもちゃを使っている友だちがいるとき（A）、
その友だちをたたくと（B）、そのおもちゃで遊べた（C）。つまり、友
だちをたたく行動は、おもちゃを得ることで強化されているようだ。

　そこで、支援検討シート（行動の理由に応じた支援を考えるための
シート／P.35参照）を用いて、担任と一緒に、タロウ君が友だちをた
たかなくてすむような支援を検討した（次ページ図）。

●タロウ君への支援

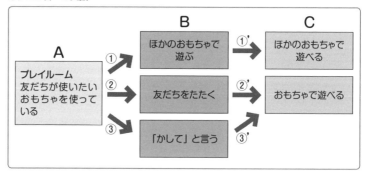

タロウ君がおもちゃで遊ぶためのルートは3つある。

①ほかのおもちゃで遊ぶ。

②友だちをたたく。

③「かして」と言う。

　現在、タロウ君は②のルートでおもちゃを手に入れている。これを②ではなく、①や③にいくようにできればよい。そこでタロウ君と友だちの様子、そして担任ができそうなことは何かを話し合った。

　タロウ君はお気に入りのおもちゃ以外の、ほかのおもちゃで遊ぶのは難しいようだ。一方、友だちは、「かして」と言われたらおもちゃをかしてあげられる。また担任は、遊びを仲介するなかで、タロウ君に「かして」と言うことを教えることができそうだ。

　そこで、③の「かして」と言うことをタロウ君に教えることにした。

　しかし、タロウ君が「かして」と言っても、友だちがかしてくれなければ、たたいたほうが早い。そこで、担任は、「かして」と言われておもちゃをかしてくれたら、その相手の子どもを「ありがとう、えらいね」とほめることにした。

　一方で担任は、保護者にタロウ君の行動の理由と支援方針を伝えた。タロウ君が友だちをたたくのは、使いたいおもちゃを友だちが使ってい

るときに、それをかしてほしいことがうまく伝えられないからであり、「かして」と言っておもちゃをかしてもらうことを経験すれば、友だちをたたく必要がなくなる、ということを話したのである。

③ 支援を行い、見届ける
目標の姿まではスモールステップで

支援は、午前中の遊びの時間を中心に、友だちがタロウ君のお気に入りのおもちゃで遊んでいるときに行うことにした。

担任がことばを添えて「かして」を一緒に言ったり、モデルで示したりしながら、友だちからおもちゃをかしてもらうようにした。そして支援を見届けるために、タロウ君の様子を記録した。

かして

タロウ君には、自分で「かして」と言っておもちゃをかりられるようになってもらいたい。そこで、現在している友だちをたたくやり方から、目標の姿までの評価を、次のようにスモールステップにした。

1. 友だちをたたく
2. 担任がことばを添えて一緒にかりる
3. 担任のモデルで「かして」と言ってかりる
4. 自分で「かして」と言ってかりる

そして、変化が見えやすいように、4月の観察期間をベースライン期として、記録をグラフに記入した。

●タロウ君の友だちに「かして」と言う行動の変化

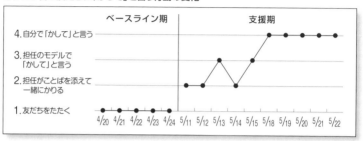

記録を見ると、タロウ君は、支援を開始した1週目で、担任と一緒におもちゃをかり、担任のモデルを見て「かして」を言えるようになった。2週目には、自分で「かして」と言ってかりられるようになった。

観察をもとに考えた支援は有効であったようだ。このような変化が見られたのは、「かして」と言えばおもちゃが使えることを経験したからである。つまり、タロウ君にとって、友だちをたたく理由がなくなったのである。

④ 支援を更新する
「ありがとう」と言えるように

担任は、記録をとるなかで、タロウ君の表情が変わってきたことに気づいたという。それまでタロウ君は、友だちがおもちゃを使っていると、きつい表情で駆け寄り、友だちをたたいていた。しかし、「かして」と言うことで、友だちがおもちゃをかしてくれて、それで遊べる経験を積むなかで、穏やかな表情で「かして」と言うようになり、かしてくれた

友だちに笑顔を返すようになった。

　こうした様子から、担任はタロウ君の次の育ちを考えた。今までは、相手の友だちには、担任が「かしてくれてありがとう、えらいね」と言っていた。だが、タロウ君自身が友だちにそれを伝えられれば、友だちも好ましく思うだろう。

　そこで担任は、友だちがおもちゃをかしてくれたときに、「ありがとう」と言うことを促した。するとタロウ君は、「ありがとう」と友だちに伝えるようになり、友だちの様子も変わってきた。タロウ君を見ると、「このおもちゃ、かしてあげる」と言うようになったのである。

　担任は、今回の支援を通じて、タロウ君と友だち双方の育ちを実感したという。そのことには、**友だちとのかかわりのなかで支援を行ったこ**とが、ポイントとなったようだ。

　友だちに手をだすような行動をする子どもに対しては、どうしても、その行動を防ぐ個別の対応を考えてしまう。安全に、楽しく過ごすためには、あたりまえの対応である。

　しかし今回、担任はタロウ君の行動を観察し、それに基づいて支援を考えた。それによって、子どもにとって、そうした行動を取らざるを得ない理由があることが分かり、だからこそ、タロウ君を友だちから離すのではなく、双方のかかわりのなかで支援ができたのだという。

　一方、担任はこうした支援を、保護者に説明しながら進めた。それによって、保護者も無用な混乱に陥らずにすんだ。実はこれまでも、友だちとのトラブルは多々あったそうである。きつく叱るが、その場限りで、友だちとうまくかかわれないのは障害のためなのかと先のことを案じていたという。しかし、今回の支援を通じて、**子どもは育つことを実感し****た**という。保護者の表情も明るくなった。

　人や物と出会い、かかわるからこそ、そのなかでトラブルも生じる。しかし、そこでの**子どもの様子を観察すれば、そのトラブルは、よりよ****いかかわり方を育てる手がかりを教えてくれる**のである。

Case 2 あてはめから子どもや 状況に合わせる支援へ

今日、有効な支援に関する情報は多くある。勉強熱心な教師は多くの研修会に出かけ、本を読み、様々な知識を手に入れるだろう。しかしながら、それが目の前の子どもにつながらない。なぜ、有効な支援がうまくいかないのだろうか。ここでは小学校のクラスで、授業中に騒ぐ子どもへの支援に悩む教師の様子から、その理由を探ってみよう。

授業中に騒ぐミチオ君
――――― 小学校1年生

ごほうびシールがよいと聞いて…

ミチオ君は通常学級に在籍している小学校1年生の男子であった。診断はないが、落ち着きがなく、授業中に騒ぐ。ほかの子どもも巻き込んで、騒然となってしまう。担任は授業が進められずとても困ってしまった。勉強熱心な担任は、なんとかしようと、発達障害に関する本を読んだところ、どうもミチオ君は、ＡＤＨＤ（注意欠如・多動症）の特徴があてはまるようだ。

ＡＤＨＤの研修会に出かけたところ、「課題をしたら、ごほうびシールをはる」という対応が有効だという。担任は、さっそく、ミチオ君の好きそうなシールを用意し、「課題をしたらシールがもらえる」と話した。しかし、

本人はシールには見向きもせず、授業中は相変わらず騒いでいる。

ミチオ君にはうまくいかないのなぜ?

なぜ、ごほうびシールがうまくいかないのか。第2章で学んだABCで分析してみよう。

●ミチオ君の課題をする行動のABC

A	B	C
課題をしたら シールがもらえる	課題をする	好きなシールが もらえる

ごほうびシールがうまく機能するには、実際に、ミチオ君が課題をして（B）、「好きなシールがもらえる」（C）という体験が必要である。その上で初めて、担任の「課題をしたら、好きなシールをあげるよ！」（A）のことばが手がかりとなるのである。すなわち、課題をする行動（B）が起きなければ、好きなシールをもらう体験もできない（C）。したがって、担任が「課題をしたら、好きなシールがもらえるよ！」と働きかけても、ミチオ君がシールに見向きもしないのは当然なのである。

① 子どもの行動を観察する
行動内容ごとに観察する

　「好きなシールがもらえるよ」という働きかけが手がかり（A）になる
ためには、課題をしたら（B）、好きなシールが得られる（C）という結
果が生じることがポイントである。そのためには、ミチオ君が「課題を
する行動を起こしやすい状況」を探る必要がある。

　まず担任は、時間割を用いて、ミチオ君が課題をする行動を起こしや
すい授業とそうでない授業を記録してみた。しかし、授業によって取り
組みの違いはないようである。

　もしかしたら、授業の要素によって違いがあるのかもしれない。

　授業のような一連の活動から構成される場面では、下表のような課題
分析（一連の活動を行う順番にリスト化し、その取り組みを評価するも
の）による観察記録が役立つ。

●授業場面の課題分析

項　　目	5/12	5/13	5/14	5/18	5/19
・席に着く	×	×	×	○	○
・教科書、筆記用具を用意する	△	△	△	△	△
・あいさつをする	○	○	○	○	○
・先生の説明を聞く	×	×	×	×	×
・プリントをする	×	×	×	×	△
・プリントが終わった人はドリルをする	×	○	○	×	×
・プリントの答えを友だちと話し合う	×	×	×	×	×
・発表をする	○	○	○	○	○
・あいさつをする	○	○	○	○	○
・教科書、筆記用具を片付ける	×	△	×	×	△

○：自分でする　△：補助されてする　×：しない、勝手なことをする

　観察した内容を見たところ、ミチオ君は「あいさつ」などには自分から取り組んでいた（○）が、担任がしてもらいたい「説明を聞く」、「プリントをする」、「話し合う」などの課題には補助されても取り組めていない（×）ことが分かった。

　すなわち、担任がしてもらいたい課題（説明を聞く、プリントをするなど）で、いきなりシールを提示しても、ミチオ君の課題をする行動そのものが起こりにくく、シールをもらうという結果も生じないのである。

●ミチオ君の課題をする行動のABC（Bが起こりにくいためCも生じない）

② ABCから支援を考える
「シールをもらえる」経験を重ねることから

　そこで担任は、「あいさつ」の場面で、ミチオ君にごほうびシールを提示することにしてみた。自分で取り組んでいる「あいさつ」で、シールを提示すれば、ミチオ君は「好きなシールがもらえる」という結果を体験できる。つまり、（B）の課題を、担任がしてもらいたいができていない課題（プリントをするなど）から、今ミチオ君ができている「あいさつをする」という課題に変えることで、「課題をしたらシールがもらえるよ」の声かけが、手がかりになりやすくしたのである。

　また、学級にはあいさつができない子どももいる。ミチオ君のあいさつは、みんなの見本になる。そこで、次の2つの支援を行うことにした。

①現在ミチオ君が取り組めている「始めのあいさつ」のとき、「元気な
あいさつをした人には、好きなシールをあげます」と言う。

②シールが手がかりとして有効になってから、課題に適用する。

●ミチオ君の課題をする行動への支援

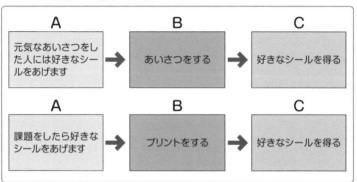

 ③ 支援を行い、見届ける
「あいさつ」から「プリントをする」への適用

このように、授業のあいさつ場面で支援を行い、ミチオ君の変化を記
録していった。ただ、ミチオ君には本来、プリントに取り組めるように
なってほしいという願いがある。そこで、ミチオ君があいさつをしてシ
ールをもらう様子を指導日誌に記録するとともに、プリントへの取り組
みについては、次の記録を行うことにした。

1.取り組まない。

2.促されて取り組む。

3.自分から取り組む。

そして、変化が見えやすいように、グラフに記入した。ベースライン期は、プリントの課題に自分から取り組む行動は見られなかった。支援1期は「始めのあいさつ」にシールを適用したが、プリントの課題にシールは適用していない。支援2期は、プリントの課題にシールを適用した。

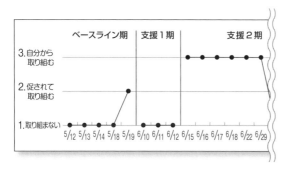

6月10日から1週間ごとに、記録をもとに支援を検討した。支援1期は、「元気なあいさつだね」と声をかけてミチオ君にシールをあげた。するとミチオ君は、「明日も頑張ろう！」と発言し、うれしそうにしていた。

このことから、担任は「○○したら、好きなシールをあげます」は手がかりになると判断し、次週15日から、プリントの課題にシールを取り入れた（支援2期）。するとミチオ君は、その日からプリントに取り組むようになった。それもうれしそうに、「頑張った人はシールをもらえるね！」と発言するようになった。

観察に基づいた支援は有効であったようだ。当初は見向きもしなかったシールであったが、ミチオ君がすでに取り組んでいるあいさつに適用したことで、強化として働くようになり、それによって教師の働きかけが手がかりとなっていった。

その後に、プリントに適用したことで、プリントに取り組む行動のABCも成立しやすくなったのである。

④ 支援を更新する

「シール」だけでない、
「うれしい」結果が生まれる支援を

　ところが、７月２日の週から、プリントに取り組まない、あるいは促されて取り組む状態になってしまった。ミチオ君を観察すると、問題を解いていない箇所も多い。

　次段階の支援を検討する必要がありそうだ。支援を見直すには、ＡＢＣを検討すればよい。担任は、再びＡＢＣから支援を考えてみた。

●ミチオ君への支援の更新

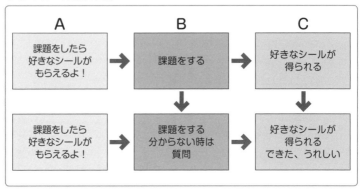

A	B	C
課題をしたら好きなシールがもらえるよ！	課題をする	好きなシールが得られる
課題をしたら好きなシールがもらえるよ！	課題をする分からない時は質問	好きなシールが得られるできた、うれしい

　ミチオ君の課題をする行動が起きなくなったのは、シールという結果だけでは強化がうまく働かなくなったからである。課題をしたら、「好きなシールがもらえる」だけでなく、「できた、うれしい」という結果も生まれるような支援が必要である。

　そのためには、（Ａ）を変えて課題を簡単なものにすることも考えられる。でもミチオ君は、みんなと同じ課題でないといやがる。そこで、支援３期には、「分からないときは担任に質問する」行動（Ｂ）を教えた。もちろん担任は、ミチオ君だけでなく、クラス全員に働きかけた。

その結果、ミチオ君は分からない問題は担任に質問をして、課題に取り組むようになった。ミチオ君だけでなく、クラスのみんなも分からないときには質問した。こうした支援によって、授業中、騒然となっていたクラスが、今や、質問しながら課題に取り組む活気あるクラスに変わったという。

●ミチオ君への支援経過（3期まで）

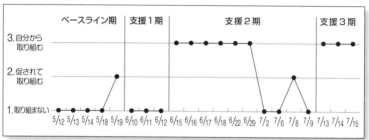

担任は、授業中にずっと騒いでいると思っていたミチオ君が、観察し、記録をとることで、みんなの手本になるような元気なあいさつをしていることに気づいた。そして、その取り組みにシールを適用することで、ミチオ君は劇的に変化した。

有効といわれる支援であっても、それをどのように適用すればよいかが分からなければ、うまくいかない。**目の前の子どもや周囲の状況に合わせることが鍵**なのである。ＡＢＣからの観察や支援は、それを助けてくれる。

Case 3 勘や経験から 根拠に基づいた支援へ

　教師は子どもにかかわり、活動を共にしながら、よりよい支援を探していく。とりわけ、ベテランの教師は、経験を踏まえて、子どもや状況に合わせて、その時々で対応を変えていく。しかしながら、その教師ならばうまくいくが、ほかの教師ではうまくいかず、その教師がいないときに問題が噴出することも少なくない。結局、「○○先生でないと、難しい子は指導できませんね」となってしまう。だが、本当にそうだろうか。強いこだわり行動を示したタカシ君のケースを見てみよう。

強いこだわり行動を示す タカシ君——特別支援学校小学部1年生

ベテランの対応

　タカシ君は、特別支援学校の小学部1年の男子で、自閉スペクトラム症を有していた。ことばは話せないが、発声や身ぶりで意思表示をすることができ、簡単なやりとりにも応じることができた。

　一方、机の位置に強いこだわりを示し、毎日、何回もずれを直した。それは、自分の机だけでなく、学級すべての机におよび、それも頻繁なために、学級の活動に支障がでた。担任がやめさせようと注意すると、大声をあげて物を

投げたり、友だちをたたいたりした。

　教師歴20年の担任は、ベテランならではの対応をとっていた。それは、タカシ君への対応をその時々で変えるのである。あるときは、きつく叱り、パニックを起こしても無視する。あるときは、一緒に机を直し、本人の気がすむまでつきあう。

　今春から教師になった副担任は、タカシ君への対応に戸惑っていた。担任の対応はそのつど違う。その理由を担任に尋ねると、タカシ君は自閉症でこだわりが強い。自閉症の子どものこだわりは制止するのは難しい。しかし、本人には周囲に合わせる力を育成したい。したがって、毅然と対応するときと、受け入れるときが必要というものであった。

　副担任は戸惑いつつも、担任の対応をなんとか学ぼうと日々を過ごした。

　そんなある日、担任は出張で不在となった。授業や学級のことは聞いている。問題はタカシ君だった。いつにも増して、タカシ君は机を直そうとする。副担任の顔を見ながらやっている感もある。副担任は、担任のように叱ることができない。優しくなだめながら、結局のところ、タカシ君につきあった。

当然ながら、全体の活動は進められなくなるし、ほかの子どもに目がいかない。ある子どもは廊下に飛び出し、隣のクラスの教師が対応してくれた。午後には、学年主任が学級に入ってくれた。事故がないのは幸いであったが、さんざんな日となってしまった。

　出張から戻った担任は、報告を受けて「自分がいないとだめだな」ともらした。副担任はすっかり自信を失ってしまった。

なぜ、担任がいないとうまくいかないのか？

　なぜ、担任がいないとうまくいかないのだろうか。もちろん、ベテランの教師は状況や子どもに合わせた対応を行うことができる。初任の副担任がそれに及ばないのは当然かもしれない。しかし、ここには根本的な問題がある。担任が不在であるという条件が問題を表面化したにすぎない。

　担任は、自閉症の子どもの強いこだわりに対して、それを受け入れつつも、周囲に合わせる力を育成したいと考えていた。そこで、タカシ君と周囲の状況をそのつど判断し、叱ったり、つきあったりしていた。

　例えば、全体の活動を進めるときには、タカシ君を叱り、大声をあげても無視した。一方、個別に対応できるときには、一緒に机を直した。

　しかし、副担任には個別に対応する手がかりが分からない。特にタカシ君を叱り、全体の活動を進めることはできず、試行錯誤の対応となってしまった。

　そして、最大の問題は、こうした対応のなかで、タカシ君が何を学んでいるかである。あるときはこだわりを叱られ、あるときは受け入れられる。もし、その区別がタカシ君に分かるものであれば、見通しをもてたかもしれないが、タカシ君に分かるのは、担任は時々強く叱るが、副担任は叱らないということである。となれば、叱る人がいなければ、こだわりどきである。実際、副担任だけのときは、ますます机を直すようになってきた。

Case 3 強いこだわり行動を示すタカシ君
特別支援学校小学部1年生

① 子どもの行動を観察する
机を直す行動が起きるのはいつ?

　学年主任は、これはベテランと初任という問題ではなく、その根本を見直す必要があると考えた。そこで、担任、副担任、学年主任で話し合いの場をもった。

　タカシ君のこだわり行動を受け入れつつも、周囲に合わせる力を育成していくのは重要なことである。しかし、その対応がその時々で違っていては、タカシ君の力は育たない。そこで、タカシ君の机を直す行動を観察し、それに基づいて支援を考えることにした。

　副担任は、時間割を用いて、ここ1週間ほどで、タカシ君の机を直す行動が起きた活動に◎(複数回)、○(1回)をつけた。

●時間割を用いたタカシ君の机を直す行動の記録

日課	6/8 (月)		6/9 (火)		6/10 (水)		6/11 (木)		6/12 (金)	
登校		◎		◎		◎		◎		◎
1限	日常生活		日常生活		日常生活		日常生活		日常生活	
	朝の会	◎	朝の会		朝の会	◎	朝の会	◎	朝の会	○
2限	算数		国語		算数		国語		音楽	
休み時間		◎		◎		◎		◎		◎
3限	生活単元	◎	体育		自立活動		体育		生活単元	
4限	生活単元	◎	学年		自立活動		生活単元	◎	生活単元	
給食										
昼休み		◎		◎		◎		◎		◎
5限	音楽		生活単元	◎	生活単元	◎	音楽		生活単元	◎
6限	日常生活		日常生活		日常生活		日常生活		日常生活	
	帰りの会	◎	帰りの会		帰りの会		帰りの会		帰りの会	
下校										

記録から、次のことが分かった。

　　○机を直す行動をするときと、しないときがある。
　　○登校、朝の会、休み時間はほぼ毎日複数回する。
　　○授業場面はしないことが多いが、する場面もある。

　タカシ君は四六時中、机を直しているわけではなかった。そこで、机を直す行動を起こしやすい登校時や休み時間と、起こしにくい授業場面とをさらに詳しく観察して、その記録内容をＡＢＣで分析した。

　登校時や休み時間に、机の位置がずれている状況（Ａ）で、机を直す（Ｂ）と、机のずれがなくなった（Ｃ）。一方、授業場面は下の図のように２通りであった。ベテランの担任がいるときには、机がずれていても、活動が提示される状況（Ａ）では、活動に取り組み（Ｂ）、活動ができた（Ｃ）。副担任だけのときは（Ａ）、机を直し（Ｂ）、机のずれがなくなるとともに、副担任がそばに来てなだめた（Ｃ）。

　担任は漠然と、タカシ君のこだわりが強いときと、そうでないときがあると思っていたが、それが記録によってはっきりしてきた。

●タカシ君のこだわり行動が起きたときと起きなかったときのＡＢＣ

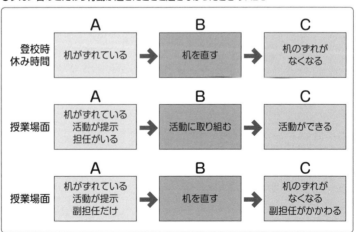

② ABCから支援を考える
「机を直してもよい場面」を決める

　先に見たように、机がずれている状況（A）で、それを直す（B）と、ずれがなくなった（C）。つまり、机を直す行動は、ずれがなくなることによって強化されている。それも、副担任だけのときには（A）、机を直すと（B）、かかわりも得られ（C）、それも強化として働いているようだ。

　そこで、支援検討シートを用いて、タカシ君への支援を検討した。

●タカシ君の机を直す行動への支援

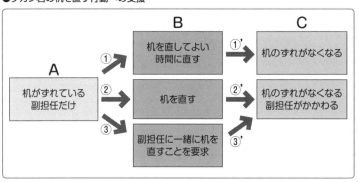

　現在、タカシ君は②のルートである。では、①はどうだろう。登校時や休み時間にタカシ君が机を直しても周囲に迷惑はかからない。そこで、この時間は机を直してよい時間とし、タカシ君自身にもそれが分かるように、時間割にマークをする。

　また、副担任だけの授業中、むやみに机を直すのは困るが、本人からの要求があれば副担任も対応しやすい。タカシ君は、「せんせい」と言うことができる。そこで、「せんせい」と要求することを教え、一緒に机を直す。つまり②のルートを①や③にいくようにできればよいのである。そこで、タカシ君と周囲の様子を踏まえ、副担任ができそうな支援を話し合った。

③ 支援を行い、見届ける
授業中の机直しは、要求してから

　タカシ君には、机を直してよい時間に机を直してもかまわないが、授業場面では要求してほしい。そこで、問題となる副担任だけの授業場面で、次の行動についての記録をとることにした。

　　1.勝手に机を直す。

　　2.促しで、「せんせい」と要求する。

　　3.自分から、「せんせい」と要求する。

　そして、その記録をグラフに記入し、変化を見た。

●副担任だけの授業場面におけるタカシ君の机を直す行動の変化

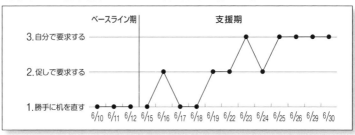

　支援を開始すると、促しを得て「せんせい」と要求し、その後、いきつもどりつはあったが、最終的に自分から要求するようになった。

　観察をもとに考えた支援は有効であったようだ。このような変化が見られたことには、タカシ君のこだわりを受け入れるときと、そうでないときを明確にしたことによって、教師の対応が一貫したことが大きい。

　それによって、タカシ君は机を直してよいときと悪いときが分かり、してはいけないときでも要求すればできるし、かかわりも得られた。つまり、タカシ君自身どうすればよいかが分かるようになり、してはいけない時間に机を直す行動をする理由がなくなったのである。

④ 支援を更新する
「あとで」を教えることで、さらに成長

　副担任は、タカシ君の変化を見て欲が出てきた。授業中に、机を直さなくてすめばもっと参加が進むし、周囲の子どもにとってもよい。

　そこで副担任は支援の更新について、学年主任と相談した。今やタカシ君は、登校時や休み時間は机を直してもよいことを認識しつつある。授業中に机を直さなくてすむ場合も出てきている。こうしたタカシ君の様子から、学年主任は「あとで」を教えようと提案した。「授業中はだめでも、休み時間には一緒に机を直せるよ」である。

　そこで、タカシ君が「せんせい」と言ったとき、「あとで」と伝えた。そして授業が終わると、すぐに一緒に机を直した。タカシ君は最初、大声をあげて抵抗したが、記録をとっている副担任に迷いはない。それによって、一貫した支援を続けることができ、タカシ君も「あとで」に応じるようになってきた。担任はうれしそうに学年主任にこぼした。「僕が授業中の机直しを容認すると、副担任がだめ出しするんですよ。やれやれです」。

　子どもや状況に合わせているつもりでも、教師自身にその根拠が見えなければ、一貫した支援とはならず、支援の方法をほかの教師と共有することも難しくなる。となれば、子どもにとってどう行動すればよいかはとても学びにくい。

　今回のケースでは、行動を観察し、記録することによって、担任は漠然と感じていた子どもの実態を確信し、対応に戸惑っていた副担任も見通しが得られるようになった。なによりも、タカシ君自身がどのように行動すればよいか学びつつある。

　このように、**支援がうまくいかないときほど、子どもの行動を観察するとよい。すると、現状が分かり、確かな支援に改善されていく**ことができるのである。

Case 4 個人への対応を 学級全体に広げる支援

　授業場面で、子どもが示す行動問題は、当該の子どもだけでなく、周囲の子どもの学びも阻害する。そして、周囲が困る行動ほど、それをやめさせようと周りが対応するもののうまくいかず、悪循環を起こしてしまうことも少なくない。ときには学級経営に支障をきたし、保護者を巻き込んだ問題にも発展しかねない。もちろん本質的な解決は、行動問題の背景にある教育的ニーズへの対応である。

　問題は、集団のなかで、どのようにそうした支援を行うかということであろう。とりわけ、担任一人で問題を抱えていては悪循環から抜けだすのは難しい。校内委員会で担任を支えた事例を紹介しよう。

授業場面でおしゃべりを するハナコさん ── 小学校3年生

友だちからの評価は下がり、保護者からも苦情が…

　ハナコさんは、小学校3年生で、35名の通常学級に在籍する女子であった。診断はないが、不注意や集中困難が見られ、授業中の関係ないおしゃべりが目立った。

　担任はそのつど注意するが、その場限りであった。

　ハナコさんのおしゃべりに数人が同調し、教室は騒然となってしまう。担任は授業が進められず、困ってしまった。ハナコさんに対する友だちの評価も否定的になりつつある。保護者は毎日、家で叱っている。7月の懇談会で、学級の保護者からは、授業が遅れると苦情が出た。

　担任は、へとへとである。

校内委員会で対策を検討

　そこで校内委員会で対策を検討することとなった。そこでは、「すぐに対応すること」と「支援方針を考えて対応すること」を整理し、すぐに対応することとして次の4つが挙げられた。

　①ハナコさんへの対応
　　おしゃべりをそのつど注意していると、それが強化として働き、おしゃべりを増やしてしまう可能性がある。そこで、おしゃべりをしたときには、今すべきことを具体的に指示する。

　②周囲の子どもへの対応
　　ハナコさんの評価が低下しないように、担任はハナコさんのできていることや頑張っていることを評価する。

　③ハナコさんの保護者への対応
　　ハナコさんが毎日頑張っていることを連絡帳で伝え、それを家庭でほめてもらう。

　④学級の保護者への対応
　　授業の遅れを心配する保護者には、方針を探った上で対応することを伝え、学年主任も対応する。

　これらの対応をとった上で、担任とともに、現在の様子を観察し、2学期からの支援方針を考えることにした。

① 子どもの行動を観察する

どんなときにおしゃべりが多くなるのだろう?

　　ハナコさんは、昨日のテレビなど、授業とは関係のない話をする。一つの話題でやめることもあれば、次々と続くこともある。そこで、担任は時間割を用いて、一つの話題でやめるおしゃべり(△)、続くおしゃべり(○)を1週間にわたって記録してみた。

●時間割を用いた記録

時程	7/6 (月)	7/7 (火)	7/8 (水)	7/9 (木)	7/10 (金)
1限	算数　○	国語　○	社会	社会　△	書道　△
2限	書道	算数　△	体育	図工	道徳　○
3限	理科	図工	算数　△	国語　△	体育
4限	音楽	図工	理科	算数	国語
5限	国語　○	理科	国語	音楽	音楽
6限			総合学習		算数

　　すると、1限目の授業でおしゃべりをすることが多いことが分かった。しかし、一つの話題でやめる日もあった。一方、図工や音楽、体育など、具体的な活動があるときはおしゃべりをしていなかった。何か理由があるはずである。

　　そこで、1限目が空いている教頭先生が廊下から授業を観察し、どんな状況や対応のときに、おしゃべりをするのか、あるいはしないのかを記録し、観察した内容をABCで分析した。

　　担任が課題の説明をしているとき(A)、おしゃべりを続けると(B)、話ができ、担任は注意し、友だちもうるさいと言う(C)。一方、同じ

1限目の授業でも、授業前に担任がハナコさんにかかわり、話を聞いたときは（A）、一つの話題でやめ（B）、話もできた（C）。また、具体的な活動があるときには（A）、おしゃべりをせずに課題に取り組み（B）、課題ができた（C）。

●ハナコさんがおしゃべりを続けるときと、そうでないときのABC

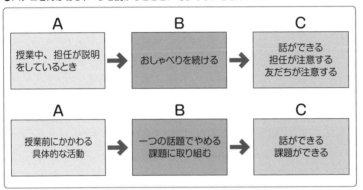

② ABCから支援を考える
個別の支援と学級全体への支援を整理して

　観察した内容をもとに、ハナコさんがおしゃべりを続ける理由を考えた。担任のかかわりが得られず、取り組める具体的な活動がないとき、おしゃべりを続ける。すると、話をすることができ、担任や友だちの注目を獲得できた。

　つまり、ハナコさんのおしゃべりは、することがなく、注目が得られない状況で、することや周囲の注目を得る手段になっているようである。

　そこで、支援検討シートを用いて、ハナコさんが、周囲が困るやり方でのおしゃべりをしなくてすむような支援を検討することにした。

●ハナコさんのおしゃべりへの支援

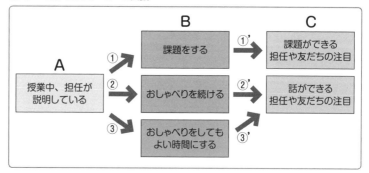

　授業場面で、ハナコさんにしてほしいのは、①課題をする行動である。また、②授業中におしゃべりを続けるのは問題であるが、③してよい時間ならば問題とはならない。現在、ハナコさんは②のルートである。ならば①や③のルートにいけるようにすればよい。

　そこで手だてシートを用いて、事前の対応と事後の対応を話し合った。その際に、３つのルートに関して、ハナコさんに行う支援と学級全体に行う支援を整理した。

●ハナコさんがおしゃべりをする理由に基づいてABCを変える

事前の状況 A を変える		実行性		事後の対応 C を変える		実行性
① 望ましい行動を起こしやすいAをつくる	具体的な課題を提示する	◯	→	①'望ましい行動を起こしたら達成や満足が得られる	課題に取り組もうとしたら、友だちとほめる	◯
② 行動問題を起こしやすいAを変える	授業前にハナコさんにかかわり、話を聞いてあげる	◯	→	②'行動問題を起こしてもCが生じない	おしゃべりをしても、注目しない	✕
③ 代わりの行動を起こしやすいAをつくる	授業中におしゃべりをしてよい時間をつくる	△	→	③'代わりの行動を起こしたら、行動問題で得ていたCが即時に得られる	おしゃべりをしてよい時間には話を聞く	◯

78

①課題をする

　ハナコさんは、具体的な活動の場合は、おしゃべりをせずに課題をすることができた。そこで、授業のはじめにドリルなどの具体的な活動を提示し、その取り組みを友だちとほめれば、課題をする行動が促進すると考えられる。これは、ハナコさんだけでなく、学級全体に行うことができる。

②おしゃべりを続ける

　授業前に担任がハナコさんの話を聞いてあげると、一つの話題でおしゃべりをやめた。そこで、ハナコさんの話したいという気持ちに対応する個別の支援を行う。周囲の子どもも、ハナコさんがおしゃべりを続けなければ注意をしなくてすむ。

③してよい時間におしゃべりをする

　ハナコさんは、授業中におしゃべりをしてよい時間を作っても、すぐにそのルールに従うのは難しいようだ。そこで、ハナコさんが続けておしゃべりをしなくなってから、学級全体に、授業中におしゃべりをしてよい時間を作る支援に進む。

③ 支援を行い、見届ける

「おしゃべりタイム」を作って

　2学期から1限目の授業で支援を行った。1学期の観察期間をベースライン期として、担任が記録をとり、グラフに記入した。

●ハナコさんのおしゃべりの変化

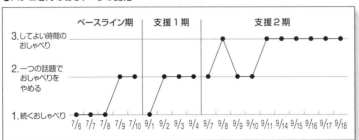

ハナコさんは、支援を開始した1週目で、一つの話題でおしゃべりをやめるようになった。そこで2週目からは、学級全体に対して、授業の途中で、隣の人と相談したり、担任に質問したりする「おしゃべりタイム」を作り、その時間にはおしゃべりをしてよいことにした。すると、ハナコさんは、その時間に話すようになった。

　観察をもとに考えた支援は有効であったようだ。授業前に話を聞いてもらえ、また授業中に課題に取り組めて、それが注目された。それによって、ハナコさんは、周囲が困るやり方でおしゃべりを続ける理由がなくなったのである。

④ 支援を更新する
個人への支援が学級全体への支援に

　担任は、記録をとるなかで、学級の様子も見えてきたという。ハナコさんの行動が落ち着くにつれて、同調して騒いでいた子どもが課題に取り組むようになった。ハナコさんを中心に考えた支援であったが、学級全体に対して具体的な課題を提示することで、課題に取り組みやすくなったことがよかったようだ。

　そうなると、学級のなかの、目立つ行動はしないが、課題に取り組めていない子どもが気になってきた。そこで、９月の４週目からは、こうした子どもを観察し、個々に必要な促しや、教材を工夫するようにした。すると、こうした子どもの取り組みも改善されていった。

　担任は、今回の支援を通じて、行動問題には理由があり、それに応じて、授業のやり方を変えることで、子どもの行動が変化することを実感したという。

　こうした担任の取り組みを支えたのは、校内委員会である。すぐに対応することと、支援方針を考えてから対応することを整理した。その上で、ＡＢＣという共通の枠組みを用いることで、子どもの行動の事実をもとに支援を話し合うことができたのである。

　集団の場における行動問題は、その悪循環から問題が拡大してしまう。しかしながら**当該の子どもが示す行動問題は、それをきっかけとして、授業のやり方を見直す機会となる**。それは当該の子どもだけではなく、**周囲の子どもにとっても、よりよい授業にしていくチャンス**なのである。

Case 5 家族と一緒に考える家庭生活での支援

　家庭は、子どもだけでなく、家族が生活する場でもある。こうした場において、子どもが示す困った行動は、暮らしや家族関係に影響し、子育てのストレスをもたらしてしまうことも少なくない。

　そこで教師には、家族の立場に立って支援を考えることが望まれる。しかしながら、「学校では、そんな行動はしないですね」「毅然として対応しましょう」などと、保護者に一般論を押しつけてしまうこともあるだろう。

　しかしそれでは、具体的な支援方法は見えてこない。

　そもそも、学校は学びの場であり、そのための日課があり、また友だちもいる。一方、家庭は生活の場であり、わがままも出るだろうし、家族のこれまでのかかわりがある。学校と家庭における子どもの行動は、違って当然なのである。

　したがって、家庭において家族が行う支援を検討するためには、学校と家庭との違いを踏まえて、子どもと家族の双方が無理なく実行できる支援を見いだす必要がある。

　そのためには、子どもの行動の観察とそれに基づいた支援が基本となるが、とりわけ家族から情報をどのように引き出し、家庭生活に即した支援をどのように検討するかが課題となる。

　家庭において行動問題を示した子どもに対して、担任が母親から情報を聞き出し、一緒に問題を整理し、支援を考えた事例を紹介しよう。

母親の言うことを聞かない ヒロコさん ——特別支援学校小学部3年生

「何」が「どのように」問題なのかを探る

ヒロコさんは特別支援学校小学部3年生の女子で自閉スペクトラム症を有していた。幼いころから強いこだわりを示したが、両親と年の離れた兄と姉の4人で、ヒロコさんの育ちを温かく見守ってきたという。

だが最近、ヒロコさんが母親の言うことを聞かなくなった。自我の成長かとも思うのだが、毎日の生活は大変である。

母親の相談を受けた担任は、困ってしまった。それは母親の話からは、具体的に「何」が「どのように」問題なのかが分からないからである。

まず、「言うことを聞かない」という問題を具体化することがスタートである。そこで日課表を用いて、問題のある日課（×）とうまくいっている日課（○）を母親に尋ねた。

●日課表を用いた
　ヒロコさんの行動記録

時　間	日　課	様　子
7：00	起床	○
	排泄・洗面	○
	着替え	
7：30	朝食	
8：15	登校	
16：00	帰宅	
	自由	×
18：00	夕食	×
	自由	
	入浴	×
21：00	就寝	○

次に×のついた日課について、「どのような状況」で「どんな行動」をすることが問題なのかを聞いた。

すると、次の４つが挙げられた。

①することがないとき（帰宅後）、洗面所で水遊びを続ける。

②することがないとき（帰宅後）、ティッシュペーパーを箱から出したり、花びんの水を捨てたりする。

③夕食時に遊びをやめず、食卓につくよう促すと大声をあげる。

④入浴時に、風呂の栓を抜く。

標的行動を決定する

「言うことを聞かない」といっても、それはさまざまな状況で、さまざまな行動として示されていることが分かった。しかし、一度にすべての問題に取り組むことはできない。

そこで、母親とヒロコさんの双方にとって必要性と実行性の高いことから取り組むことにした。

母親が最も困っていることは、③であった。夕食をすませないと、その後の入浴が遅れる。そうなると帰宅の遅い父親への対応ができなくなり、大変困るとのことであった。

ヒロコさんにとっても、毎日の夕食でトラブルになるのは避けたいところである。

一方、必要性は高くても、実行性が低いならば難しい。見極めの一つのポイントは、問題が起きないことがあるかどうかだ。母親の話によると、ヒロコさんは夕食時に遊びをやめて食卓につくこともあるそうだ。それならば、環境や対応を工夫して対応策を見いだすことができそうである。そこで、夕食場面の支援に取り組むことにした。

母親の言うことを聞かないヒロコさん
特別支援学校小学部3年生

① 子どもの行動を観察する
家庭での様子を知り、ABCを導き出す

夕食時（A）には、どんな行動をし（B）、どんな結果（C）が生じているのだろうか。

母親から情報を引き出すためには、部屋の見取り図をかいてもらい、そこでの子どもの行動を確認していくと分かりやすい。また可能な場合は、ビデオ撮影をしてもらうと、具体的な状況や対応が分かる。担任は、夕食場面の部屋の様子を母親にかいてもらった。

●ヒロコさんの
夕食場面での
部屋での様子

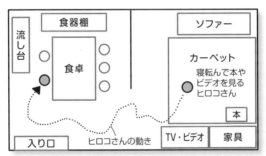

食事は、居間に続く台所でとるという。居間にはビデオがあり、ヒロコさんは帰宅後、ビデオの前に座り、本をめくったり、ビデオを早送りしたりしながら過ごす。

母親に撮影してもらったビデオを見ると、母親が「ごはんだよ」と声をかけても、ヒロコさんはビデオを見るのをやめない。連れてこようとすると大声をあげる。すると、母親はしばらく放っておく。

一方、同じ夕食時でも、父親がいるときは、ビデオを止めて食卓につく。すると叱られない。また、ヒロコさんにはお気に入りのアニメのビ

デオが４本あるが、デッキのそばに２本しかビデオを置いていなかった
ときは、自分でビデオを止めて食卓についたことがあるという。

　このようにヒロコさんにとっては、夕食時にビデオを止めて食卓につく
行動が起こりやすいときと起こりにくいときがあった。父親がいないとき
は母親の言うことを聞かず、その結果ビデオを見続けられるのである。

　これまでのかかわりで、母親には強く出るとビデオを見続けることがで
きるが、父親ではそうもいかないことを学習している様子である。

●ヒロコさんのビデオを止めないときと止めるときのABC

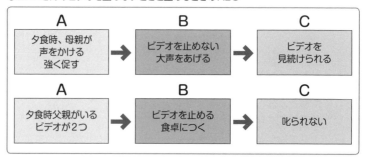

② ABCから支援を考える
家族が取り組みやすい方法を探る

　観察した内容から支援を考えた。夕食時に、遊びをやめて食卓につく
行動を起こしやすいような状況（Ａ）を作り、遊びをやめて食卓につく
と（Ｂ）、ヒロコさんにとってよい結果（Ｃ）が生じるようにすればよい。

●ヒロコさんへのビデオを止めて食卓につく行動の支援

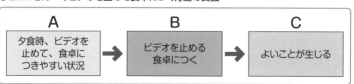

　状況（A）の工夫について、父親がいつもいればよいが、平日は無理である。かといって母親に、「父親同様に対応してください」と言っても、そう簡単にかかわり方を変えることは難しい。今までのかかわり方を変えるように求めるよりも、部屋の設定などの物理的な条件を変えることで、ヒロコさんが無理なく望ましい行動を起こしやすくするほうが容易である。ここは、家庭における支援のポイントである。

　そこで、ヒロコさんの現在の遊び方、家族とのかかわりを踏まえて、ヒロコさんと母親の双方が取り組みやすい方法を探った。

①夕食の時間
　遊びをやめて、食卓につきやすい時間はないか。お気に入りのビデオ４本すべてを見るとやめられるかもしれないが、それに合わせて夕食時間を遅らせると、日課に支障が出る。そこで、夕食の時間は変えない。

②ビデオの置き場所
　ヒロコさんはデッキのそばに２本のビデオしかないとき、自分でやめることがある。視覚的に区切りをつけると２本でやめられるかもしれない。そこで、デッキのそばにビデオを２本置いて夕食前に見てよいことにし、残り２本は食卓の上に置いて、食後に見てよいことにする。

③食卓の座席
　ヒロコさんの動きを踏まえると、居間に近い座席のほうが、遊びをやめて食卓につきやすい。ヒロコさんは、座席へのこだわりはないことから、座席の位置を変えることにする。

④食事の内容
　食卓についたら好きなおかずを食べられるとなれば、遊びをやめて食卓につきやすい。母親も、おかずを工夫できるという。

⑤約束
　ヒロコさんは、父親の言いつけは守る。そこで、父親の協力を得て、父親のいる休日に支援を開始する。父親がヒロコさんに、夕食時には食卓につくことと残りのビデオは食事後に見ることを約束させる。

③ 支援を行い、見届ける

家庭での支援の記録を、連絡帳にはって

　父親のいる10月11日の日曜日から支援を開始した。連絡帳には記録用紙をはり、母親に記録をつけてもらった。成果を確認するための記録には×はつけずに、○（取り組んだ）、△（促しで取り組んだ）を記入した。

●連絡帳にはられた支援の記録

10月													
月		火		水		木		金		土		日	
						1		2		3	○	4	○
5		6		7		8		9		10		11	○
12	△	13	△	14	○	15	○	16	○	17	○	18	○
19	○	20	○	21	○	22	＊	23	＊	24	＊	25	○
26	○	27	○	28	○	29	○	30	○	31	○		

11月													
月		火		水		木		金		土		日	
												1	○
2	△	3	○	4	△	5	○	6	○	7	○	8	○
9	○	10	○	11		12		13		14		15	
16	△	17		18	○	19	○	20	○	21	○	22	○
23	○	24	○	25	○	26	○	27	○	28	○	29	○
30	○												

＊：祖母の家で食事

　担任は連絡帳を見てヒロコさんをほめ、母親には頑張りをコメントし、父親にも連絡帳を見せてもらうことにした。

　呼んでも遊びをやめなかったヒロコさんが、支援を開始した週から、遊びをやめて食卓につくようになった。ビデオを2本にしたので、やめやすくなったようである。また食卓につくと、好きなおかずが出て、食後には残りのビデオを見ることができた。そして、母親の記録をもとに、家族や担任におおいにほめられた。

　すなわち、ヒロコさんにとっては、遊びをやめて食卓につくと、よいことがいっぱい生じた。それがヒロコさんの変化につながり、その変化が家族の取り組みを支えたものと考えられる。

④ 支援を更新する
家族が継続できる支援を

　ところが11月11日から、○がつかなくなった。話を聞くと、父親がごほうびに大好きなアニメのビデオを買ってくれたそうだ。ヒロコさんは2本のビデオでやめるという約束は守っているものの、新しいビデオは何回も見ないと気がすまない。

　新しいビデオにあきればやめられるだろうが、その間に逆戻りしてしまうことが心配である。なんとも間が悪いことであるが、父親の気持ちはうれしい。

　そこで父親に、新しいビデオは食卓の上に置いておき、食後に見ることを約束してもらったところ、ヒロコさんの行動は改善された。

　以前ならば、好きなビデオを見ないで夕食を食べることは難しかったであろう。しかしヒロコさんは、夕食後に続きが見られることを経験するなかで、「後で見る」ことの見通しがもてるようになったのであろう。こうした望ましい変化は、当初、母親が困っていた行動の一つである入浴時に風呂の栓を抜くことなどにもおよび、言い聞かせができるようになってきたという。

　今回の支援を通じて、担任は家族から学び、共に支援を考えることの大切さを実感したという。学校でのヒロコさんは、指示に素直に従い、家庭の様子は想像できない。しかし、家庭ではわがままも出るだろうし、それが通じるとなれば、言うことを聞かなくても当然である。「毅然として対応してください」などの一般論では役に立たなかったであろう。

　今回の事例が示すように、**家庭で家族が行う支援では、ライフスタイルを理解し、そのなかで望ましい行動を起こしやすくする条件を探る**ことが重要である。そのためには、日課表や部屋の見取り図などを用いて、家族からＡＢＣに関する情報を引き出すとともに、家族といっしょに実行しやすい支援を探ることが役立つようである。

Case 6 叱責による強い指導から 教育的ニーズに届く支援へ

　診断名がついていない子どもの教育的ニーズは見えにくい。とりわけ、好きなことはするが、いやなことはしない姿はわがままと映りやすい。それも、強い指導に従う姿があれば、教師はその対応でよいと考えてしまい、ますます教育的ニーズに届かなくなる。高学年のナオト君のケースを見てみよう。

好きなことはするが、
嫌いなことはしないナオト君
———————— 小学校6年生

わがままは許しません

　ナオト君は、通常学級に在籍する小学校6年生の男子であった。特に診断はなく、学習の理解はよいものの、取り組みの偏りが問題であった。なにしろ、好きなことはするが、嫌いなことはしない。授業中には、机に伏せていることも多い。騒ぐわけではないので、ほうっておけばそのまま過ぎてしまう。周囲の子どもたちも、そんなものとして受け入れていた。

　今年度からナオト君のクラスを受け持つこととなった担任は、これはわがままであり、中学校に行く前になんとかしなければいけないと考えた。そして、授業中に、ナオト君が机に伏せれば、強く叱責した。すると、ナオト君は姿勢を正した。やはり、毅然と対応すれば、ナオト君も応じてくれるようだ。

　こうした対応を続けるなかで、ナオト君の机に伏せる行動は少なくなってきた。

　問題はほかの教師が受け持つ書道の時間であった。ナオト君は課題にとりかからず、机に伏せっている。書道を担当する教師は、優しく諭すが、言うことを聞かない。何もせずに、終わってしまうことも増えているという。担任は、書道の教師に、強く注意してくださいと依頼したが、なかなか注意できずにいるようだ。

学習への取り組み方はどうなった？

　業を煮やした担任は、学年主任と特別支援教育コーディネーターに相談した。学年主任も、ナオト君のことが気になっていたという。でも、担任の気になり方とは少し違っていた。担任の話を聞くと、確かに授業中に机に伏せることは減ってきているようである。しかし、それで、「ナオト君の学習への取り組みはよくなっているのか？」ということである。

　思わぬことを聞かれて、担任は考え込んでしまった。特別支援教育コーディネーターは、ナオト君の取り組みを観察してみようと提案した。

よくなっているの？

① 子どもの行動を観察する
教科ごとの取り組みの様子を見て

あらためてナオト君の様子を見ると、担任の前では姿勢を正している。しかし、学習に取り組んでいるかというと、そういうわけでもなさそうだ。

そこで、担任は、時間割を用いて、ナオト君がどんなときに取り組み、どんなときに取り組めないのかを観察してみることにした。

●時間割を用いたナオト君の行動の記録

時程	5/25(月)	5/26(火)	5/27(水)	5/28(木)	5/29(金)
1限	算数 △	国語	英語	図工	書道 ×
2限	書道 ×	算数 △	体育	社会	道徳
3限	理科 △	図工	算数 △	国語	体育
4限	音楽	図工	理科 △	算数 △	国語
5限	国語	理科 △	国語	音楽	音楽
6限	英語	体育	社会	総合学習	算数 △

○：課題に取り組む　△：勝手な課題に取り組む　×：机に伏せている

すると、次のことが分かった。

○算数や理科の時間は、教科書の問題を勝手にノートに写し、一人で解いている。

○ほかの教科の時間は、姿勢は正しているものの、よそ見や落書きをしている。

○書道の時間は、机に伏せている。

観察した内容をＡＢＣで分析した。算数や理科の課題では（Ａ）、ノートに問題を写し（Ｂ）、それを解いている（Ｃ）。ほかの教科では（Ａ）、

姿勢を正し（B）、叱られない（C）。書道の時間は（A）、机に伏せて（B）、
課題をしなくてすんでいる（C）。

●ナオト君が取り組んでいるときと取り組んでいないときのABC

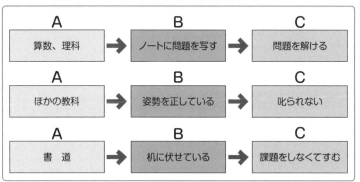

② ABCから支援を考える
今すでにできている取り組みを 課題としてみては?

　観察した内容をもとに、担任は学年主任や特別支援教育コーディネー
ターと、ナオト君の取り組みの理由を考えた。上記のABCにあるよう
に、どの教科においても、担任が提示する課題への取り組みが起きてお
らず、それに取り組んでよかったという結果も生じていない。つまり、
ナオト君は自分のできるやり方でしか、強化を得ていないことになる。

　そこで、課題への取り組みを起こしやすくするために、ナオト君が現
在している教科書の問題をノートに写すことを、担任が課題として提示
し、その取り組みを評価すれば、「課題をして、よかった」につながる
かもしれないと考えた。

●ナオト君の取り組みの支援

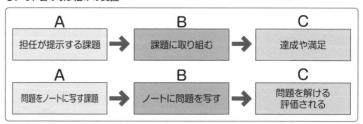

③ 支援を行い、見届ける

わがままではなかったのかも…

　担任は、算数や理科の授業において、教科書の問題をノートに写す課題を提示し、ナオト君がそれを行い、解いたら、評価することにした。そして、時間割にナオト君が担任の提示する課題に取り組んだ（○）かどうかを記録した。

●ナオト君の取り組む行動の変化

時 程	6/1 (月)	6/2 (火)	6/3 (水)	6/4 (木)	6/5 (金)
1限	算数 ○	国語	英語	図工	書道
2限	書道	算数 ○	体育 ○	社会	道徳
3限	理科 ○	図工	算数 ○	国語	体育 ○
4限	音楽	図工	理科 ○	算数 ○	国語
5限	国語	理科 ○	国語	音楽	音楽
6限	英語	体育	社会	総合学習	算数 ○

　ナオト君は、担任が提示する教科書の問題をノートに写すという課題に取り組んだ。そして、担任がほめると、うれしそうな表情を見せた。やる気のない表情のナオト君とは全然違う様子に、担任はかえって戸惑ってしまった。

　こうした取り組みを1週間続けた。そのなかで担任は、もしかしたら、ナオト君が好きなことには取り組むが、嫌いなことには取り組まないのは、わがままではなかったのかもしれないと考えるようになったという。

④ 支援を更新する
ナオト君の変化から見えてきたこと

　ナオト君の変化から、担任はこれまで取り組みの悪かった教科にも応用してみようと考えた。

　そこで、国語や社会の時間にも、教科書の問題をノートに写す課題を取り入れた。その結果、ナオト君は、こうした時間にも、取り組みを見せるようになった。

　担任は、自分の変化にも気づいた。このところ、ナオト君を叱責していないのである。ナオト君の取り組みに注目し、その支援を行ううちに、叱責をする必要もなくなったのである。周囲の子どもたちも、「ナオト君って、やる人なんだね！」と声をかけている。本人もまんざらではなさそうである。

　担任は、今や、ナオト君がわがままではなかったと確信しているという。自分は、ナオト君の状態をなんとかしようと叱責を続けた。確かに、それによって、ナオト君の机に伏せるという行動は減った。しかし、観察し、記録をとってみると、自分の願いとは違うナオト君の姿が見えてきたという。ナオト君が学んだものは、担任から叱責されないように姿勢を正すという行動であり、それも叱責をする担任の前だけであったのである。

　好きなことはするが、嫌いなことはしない。こうした態度は、わがままとみなされ、本人の不利益につながる。ナオト君を思う担任だからこそ、なんとか改善したいと願う。しかし、その背景に、**どうすればよいか分からず、今できるやり方で対応している**子どもの姿があった。担任は、ナオト君の取り組むときと、取り組めていないときを観察したからこそ、それが見えてきた。そして、支援を行うなかで、ナオト君が変わり、ナオト君の教育的ニーズが分かってきたのである。

Case 7 友だちに働きかけて子どもの環境を変える支援

　高学年になると、その場の状況を読んで行動することが格段に育つ。とりわけ、友だち関係においては、ルールは分かっていても、時と場合に応じて、「まあ、このくらいで」と使い分けをするなど、いわゆる「適当さ」も求められるようになる。そうしたなかで、状況を読むことが苦手な子どもは、けむたがられ、孤立してしまうことも少なくない。

　このような友だち関係における問題は、本人のもつ特性があるとしても、相手とのかかわりのなかで生じている。したがって、本人を支援するだけではうまくいかない。むしろ、まずは、周囲の友だちに対応を教えることによって、双方の肯定的経験を生み出す支援を考えていくことが重要であろう。そのためには、現在のかかわりを観察することが近道である。

　ここでは、本人の特性が原因のように見えた、友だちへの否定的なかかわりに関して、行動観察をもとに、周囲の友だちへの支援を行い、友だち関係を改善した事例について紹介しよう。

**友だちに大声で注意する
ヨシオ君**————— 小学校6年生

障害が原因なのか…

　ヨシオ君は、通常学級に在籍する小学校６年生の男子で、自閉スペクトラム症を有していた。35名のクラスにおいて、学習成績はよく、何事にも積極的に取り組む。問題は、ヨシオ君の友だちへのかかわりであった。ヨシオ君は、友だちがルールを破ると見過ごせない。「ちゃんとしないとだめ」と大声で注意する。担任が介入し、「先生が注意します」と説明しても、しばらくは興奮が治まらない。

　こうしたやりとりは表面的には、ヨシオ君が一人で怒っているように見える。自閉スペクトラム症が原因で、ルールを守らないことが許せず、大声を出してしまうのだろうか。

　担任は、ヨシオ君への友だちの対応も気になっていた。まるで、ヨシオ君を避けているようである。ヨシオ君への支援はもちろんであるが、友だちへの支援も必要なのではないか。

　そこで、担任は、学年主任や特別支援教育コーディネーターと相談し、ヨシオ君の行動観察をもとに、友だち関係を改善する支援を考えることにした。

Case 7 友だちに大声で注意するヨシオ君
小学校6年生

① 子どもの行動を観察する
大声で注意するのは、いつ、どんなとき?

　　ヨシオ君は、友だちがルールを破るときに大声で注意しているように
思える。本当にそうなのか、また、それ以外のかかわりもしているのか
を調べるために、時間割を用いて、1週間ほどのヨシオ君の友だちへの
かかわりについて情報を集め、記録してみた。

●時間割を用いたヨシオ君の行動の記録

日課	5/11 (月)	5/12 (火)	5/13 (水)	5/14 (木)	5/15 (金)
登校	×	×	×		×
ホームルーム					
1限	○	○		○	
休み時間			×		
2限	○				
休み時間					
3限					○
休み時間					
4限					
給食					
昼休み		×			×
5限					
休み時間	×	×			×
清掃	×	×	×	×	×
ホームルーム					
下校	×	×		×	

　　すると、ヨシオ君は、登下校、休み時間、清掃など、友だちとだけ
で活動する時間に、友だちに大声で注意していることが分かった(×)。
一方、少ないながらも、授業時間には、適切なかかわりが見られた(○)。

　そこで、友だちに大声で注意する行動が起きることの多い清掃場面と適切なかかわりが見られた授業場面で、担任がヨシオ君の行動を観察し、どんな状況や対応のときに友だちに大声で注意するのか、あるいは適切なかかわりをするのかを記録した。

　観察した内容をＡＢＣで分析したところ、清掃場面では次のようであった。決められた場所を友だちが掃かないとき（Ａ）、ヨシオ君は友だちに注意し（Ｂ）、それに対して友だちは「はいはい」と返事をするが、掃かなかった（Ｃ）。すると、ヨシオ君はさらに大声でまくしたて（Ｂ）、結局、友だちは掃いた（Ｃ）。

　同じ清掃場面でも（Ａ）、ヨシオ君が友だちに注意し（Ｂ）、友だちがすぐに掃いたとき（Ｃ）には、それ以上大声を出すことはなかった。

　一方、授業場面では、答え合わせなど、決められたかかわりの機会に（Ａ）、友だちと答え合わせをし（Ｂ）、友だちのかかわりを得ることができた（Ｃ）。

●ヨシオ君の友だちに大声で注意する行動が起きたときと起きなかったときのＡＢＣ

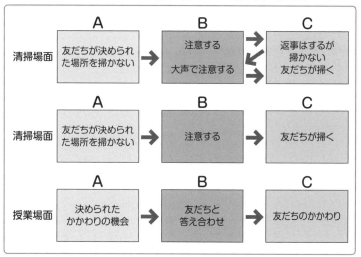

② ABCから支援を考える
大声で注意しなくてすむように

　観察した内容をもとに、ヨシオ君が友だちに大声で注意する行動の理由を考えた。友だちが決められた場所を掃かないとき（A）、大声で注意する（B）、友だちは掃いて、自分の働きかけにも応じてくれた（C）。つまり、友だちに大声で注意する行動は、相手がルールに従い、自分の働きかけに応じてくれることで強化されているようだ。

　一方、ヨシオ君のほうから友だちに適切にかかわることは、授業場面の答え合わせのように、決められたかかわりの機会しか見られなかった。つまり、ヨシオ君にとって、ルールを守らない友だちに注意すること以外には、友だちにかかわることができずにいることが分かった。

　そこで、支援検討シートを用いて、ヨシオ君が友だちに大声で注意しなくてすむような支援について、学年主任や特別支援教育コーディネーターと話し合った。

●ヨシオ君の友だちに大声で注意する行動への支援

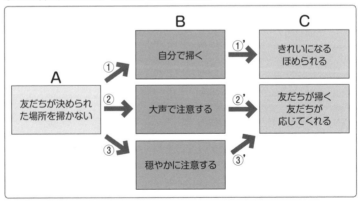

清掃場面で、ヨシオ君が友だちにかかわるルートが3つある。

①**自分で掃く。**

②**友だちに大声で注意する。**

③**穏やかに注意する。**

現在、ヨシオ君の行動は②のルートである。①については、友だちがルールを破っているのに、ヨシオ君に自分で掃くことを求めるのは難しい。②については、ヨシオ君は友だちが最初の注意に応じれば、大声を出さないことがあった。③については、ヨシオ君が穏やかに注意するのは、すぐには難しい。

次に、手だてシートを用いて、担任や友だちの対応を検討した。

●ヨシオ君が友だちに注意する理由に基づいてABCを変える

事前の状況**A**を変える		実行性
①望ましい行動を起こしやすいAをつくる	ヨシオ君に、友だちが掃かなくても、自分で掃除するように言う	×
②行動問題を起こしやすいAを変える	友だちにルールを守るように担任が言う（決められた場所を掃く）	△
③代わりの行動を起こしやすいAをつくる	ヨシオ君に、穏やかに「掃いてください」と言うよう教える	×

事後の対応**C**を変える		実行性
①'望ましい行動を起こしたら達成や満足が得られる	きれいになるほめられる	×
②'行動問題を起こしてもCが生じない	ヨシオ君の最初の注意に、友だちはすぐに応じる	○
③'代わりの行動を起こしたら、行動問題で得ていたCが即時に得られる	ヨシオ君が穏やかに「掃いてください」と言ったら、友だちはすぐに応じる	×

事前の状況では、①ヨシオ君に対して、友だちが掃かなくても自分で掃くように言うことはできるが、ヨシオ君はできない（×）。②担任が友だちに決められた場所を掃くように言えば、ヨシオ君は大声で注意す

る行動をしなくてすむ。しかし、清掃場面ではそれで対応できても、すべての場面で友だちにルールを徹底することは難しい（△）。③ヨシオ君に、穏やかに注意するように言うことはできるが、ヨシオ君はできない（×）。

　事後の対応では、②'ヨシオ君が最初に注意したときに、友だちがすぐに応じれば、大声にはつながらない。担任が説明すれば、友だちは対応を変えられそうだ（○）。とくに、決められた場所を掃くことは、友だちにとっても、納得しやすいと思われる。

　そこで、まず、友だちにヨシオ君への対応を教えることによって、ヨシオ君が大声で注意しなくてすむようにし、その後にヨシオ君に適切な対応を教えることにした。具体的には、友だちに、②ヨシオ君が注意したら、②'すぐに掃くように指導した。そして、友だちがすぐに応じたら、担任はすかさず評価し、ホームルームで発表することにした。

③ 支援を行い、見届ける
「掃いてください」と言えるように

　清掃場面におけるヨシオ君の友だちへのかかわりを記録した。ヨシオ
君には、友だちには大声を出さず、「掃いてください」と言ってほしい。
それも、最終的には、友だちが応じてくれることに「ありがとう」を示
せるようになってもらいたい。そこで、現在している大声で注意するや
り方から、目標の姿までの評価を、次のようにスモールステップにした。

　　1.大声で注意する。
　　2.促しで「掃いてください」と言う。
　　3.自分で「掃いてください」と言う。
　　4.友だちに「ありがとう」と言う。

　そして、変化が見えやすいように、5月の観察期間をベースライン期
として、記録をグラフに記入した。

●ヨシオ君が友だちへ大声で注意する行動の変化

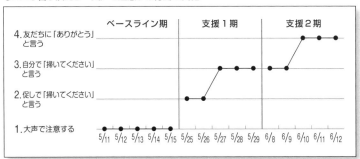

　ヨシオ君は、支援を開始した1週目で（支援1期）、大声で注意しな
くなり、促しで「掃いてください」と言い、さらに自分で「掃いてくだ
さい」と言えるようになった。

観察をもとに考えた支援は有効であったようだ。このような変化が見られたのは、ヨシオ君が「掃いてください」と言えば、友だちが掃いてくれる、そしてなによりもヨシオ君の働きかけに応じてくれることを経験したからである。つまり、ヨシオ君にとって、友だちに大声で注意する理由がなくなったのである。

④ 支援を更新する
自分から「ありがとう」と言えるように

　担任は、記録をとるなかで、ヨシオ君だけでなく、友だちの変化に気づいた。それまで友だちは、ヨシオ君が注意すると「またか」と言い、うんざりしている様子であった。しかし、自分たちが、ヨシオ君への対応を変えるなかで、ヨシオ君が変わった。そして、担任が「君たちのおかげで、ヨシオ君も穏やかになったね」と評価するなかで、ヨシオ君への態度が優しくなってきた。

　こうした様子から、担任は次の支援を考えた。今までは、担任が友だちに「ありがとう」と言い、その対応を評価していた。だが、それをヨシオ君自身ができれば、友だちも好ましく思うだろう。

　そこで担任は、ヨシオ君に対して、友だちがすぐに応じてくれることに「ありがとう」と言うことを促した（支援2期）ところ、ヨシオ君は、自分から「ありがとう」と友だちに伝えるようになったのである。

　今や友だち関係はまったく違う。ヨシオ君が注意すると、友だちは「またか」とは言うものの、「ヨシオ君が正しいもんね」と笑顔で応じてくれる。ヨシオ君のほうでも、「またですが…」、穏やかな働きかけに変わってきている。

　担任は、今回の支援を通じて、本人と友だちの双方が、「こうしたら

いいね」を実感できたことが、友だち関係の改善に重要であったという。

　本人のもつ特性によって、本人はもちろん、友だちのほうでも否定的な経験を繰り返してしまう。高学年になれば、周囲はいやなかかわりは避けるようになる。一方、本人は、どうすればよいか分からないまま、現在できる「注意」というかかわりを繰り返す。それが、ますます友だち関係を悪くしてしまう。

　それを解決するための突破口として、本事例では、**最初に友だちに対応を変えてもらった。それが本人の肯定的体験をもたらし、変化につながった**。そして、友だちのほうは、最初は担任の評価から、さらにはヨシオ君自身から、肯定的体験を実感できたといえよう。それらが双方の変化を生み出し、発展させた重要な要因であったと考えられる。現在のかかわりを観察すれば、よりよいかかわり方を育てる一歩が見つかるのである。

Case 8　共通理解に基づいた複数の教師による支援

　中学校では、教科担任制となり、教科ごとに学ぶ教室や担当者も違う。担任だけでは、子どもの実態を把握しきれないし、支援も行えない。子どもに合わせた支援を行うために、かかわる教師が連携することが求められるが、教師間で、共通理解に基づいた支援を行うことは意外に難しい。人が異なれば子どもの見方は違い、支援の考え方も様々だからである。その結果、支援会議を開いても、堂々巡りをしてしまうことも少なくない。こうした場合にこそ、子どもの行動の観察に基づいて支援を考えることが突破口になる。

　友だちや教師に対して暴言をはく中学生の事例をもとに、どのようにすれば教師が連携した支援を行うことができるか、考えてみよう。

友だちや教師に暴言をはくアキラ君　——————　中学校1年生

「なぐる！」と叫び、パニックを起こす

　アキラ君は、通常学級に在籍する中学校1年生の男子であった。自閉スペクトラム症を有し、幼少時から、ひとり言や丁寧な話し方などの特徴が見られた。また、アニメのキャラクターになりきることも好きであった。

　小学校では、規則を守らない友だちがいると大声で注意することはあったが、

担任と保護者がそのつど話し合って対応し、安定して過ごせたという。

中学校に入ってからは、教科によって取り組みが違うものの、学習面の問題は目立たなかった。

ところが、1学期も半ばを過ぎたころ、ふだんは丁寧すぎることばづかいのアキラ君が、体育の授業で「なぐる！」と大声で叫び、パニックを起こしたという。

学級では、こうした問題は見られないために、担任にその状況は分からない。担任は学年主任に相談し、学年会で検討することにした。

学年会で対応策を検討

体育の教師によれば、アキラ君は授業中に、突然「なぐる」と大声を出したと言い、何度か、そんなことが続いた。人を傷つけるようなことばは、何にしても悪い。優しく諭したが、やめないので、きつく叱ったところ、パニックを起こしたという。

それを聞いたある教師は、「そういえば、登校時の玄関で、アキラ君が大声を出しているのを見たことがある」と言った。本人に理由を聞いても何も言わず、周囲の友だちも、突然、騒いだと言っていたという。

突然、乱暴なことを言うのは、何かストレスがあるためで、注意したら悪化するのではないか、いやいやアニメをまねて、空想の世界にいるのではないか、障害からくるものかもしれないので、このまま様子を見よう、担任が本人に理由を聞いたらよいのではないか、家庭でのしつけはどうなっているのか……など、いろいろな意見が出た。

意見を聞いていた学年主任が口を開いた。障害の有無にかかわらず、すべての生徒に対して「よい、悪い」の指導は必要である。しかし、そのためには、本人に届く指導のしかたを検討しなければならない。叱って反省を促すことで、よい行動を身につけられればよいが、アキラ君の場合はパニックにつながっている。

① 子どもの行動を観察する

複数の教師が、それぞれの場面で観察

　現状では、断片的な様子しか分からない。学年主任は、アキラ君が暴言をはいてしまう状況を探り、それに基づいてみんなでアイディアを出し合おうではないかと提案した。

　まずは時間割を用いて、関係する教師が知る情報を整理することにした。1学期のうち、暴言が出たとき（1回でも出た場合は○、複数回出た場合は◎）を記入した。

●時間割を用いて整理した1学期のアキラ君の様子

時程	月	火	水	木	金
登校			◎	◎	○
HR					
1限	国語	数学	国語	数学	国語
移動					
2限	数学	国語	数学	英語 ○	道徳
移動		○			○
3限	体育 ◎	英語	英語 ○	体育 ◎	国語
移動					
4限	社会	社会	理科	体育	社会
給食					
昼休み	◎	◎	○	◎	
5限	理科	理科	国語	数学	音楽
移動					
6限	総合学習	音楽	総合学習	音楽	数学
清掃					
HR					
下校	○			○	

　すると問題となった行動は、①体育場面、②登校場面、③昼休み場面で複数回起きていた。一方、学級の時間には起きていなかった。

　そこで、①については、体育の担当教師が観察し、②と③については、担任と学年の教師が観察することにした。

観察には、下図のような観察カードを用いた。これは、アキラ君が暴言をはく場合とはかない場合のABCが記入できるので、それぞれが一定の視点でアキラ君の行動を観察することができる。

●アキラ君の暴言をはくときとはかないときのABC

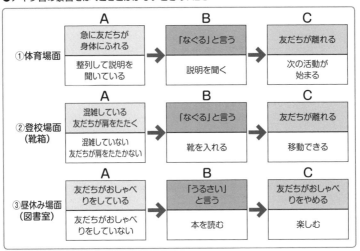

その結果、次のようなアキラ君の様子が見えてきた。

①**体育場面**
運動していて、急に友だちが自分の身体にふれたとき（A）、「なぐる」と言うと（B）、その結果、友だちが離れる（C）。教師が叱ると、教師に対して大声で暴言を言う。整列して説明を聞いているときは、言わない。

②**登校場面**
混雑する靴箱で、友だちが肩をたたくとき（A）、「なぐる」と言うと（B）、その結果、友だちが離れる（C）。混雑していないときや友だちが肩をたたかないときは、言わない。

③**昼休み場面**
図書室で本を読んでいるときに、周囲の友だちがおしゃべりをしていると（A）、「うるさい」と言い（B）、その結果、友だちがおしゃべりをやめる（C）。友だちがおしゃべりをしていないときは、言わない。

② ABCから支援を考える
暴言をはかずにすむ方法を知る

　観察した内容から、場面を通じて共通することが見えてきた。体育や登校場面では、急に友だちが自分の身体にふれる状況で（A）、暴言をはくと（B）、友だちが離れる（C）。

　つまり、アキラ君が暴言をはくのは、急に友だちが身体にふれる状況で、それから逃避する手段になっているようである。体育の授業で、教師に対して暴言をはいたのは、教師が叱責をしてからのことで、直接的な原因ではないようである。

　一方、図書室では、本来、おしゃべりをしない規則である。アキラ君は友だちが規則を破っていることに対して注意をしている様子である。

　このように、アキラ君の行動を観察すると、アキラ君にとってはもっともな理由が見つかった。その理由に基づいて、アキラ君が暴言をはかなくてすむような支援を考えればよさそうである。

　そこで、体育・登校場面、昼休みの図書室という場面ごとに整理して、支援会議を開いた。

●体育や登校場面におけるアキラ君への支援

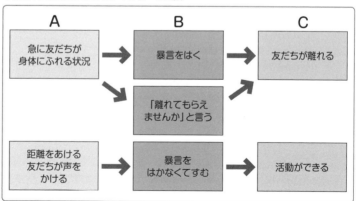

●昼休みの図書室におけるアキラ君への支援

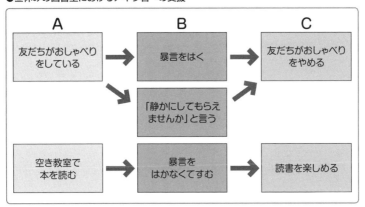

　急に友だちが身体にふれる状況については、友だちと距離をとるか、友だちにひと声かけてもらえれば、接触を回避することができる。また、暴言をはく代わりに、「離れてもらえませんか」と言って、友だちが離れてくれれば、暴言をはく必要がなくなる。

　昼休みの図書室では、アキラ君が注意するのはもっともなことである。しかしながら、友だちのほうも四六時中しゃべっているわけではなく、そのあんばいが難しいことも分かった。

　そこで、次のような支援を行うことにした。

①体育場面
　運動するときに、両手を広げて、友だちと距離をとったり、友だちに声をかけてもらうようにしたりすれば、いきなり身体にふれることはない。また、アキラ君には、「離れてもらえませんか」と言うことを教える。

②登校場面
　友だちが好意的に肩をたたいていたのが、いやな状況であることも分かった。そこで、学年の教師がそれぞれの学級のホームルームで、声をかけてから相手にふれることを教える。一方、担任はアキラ君に、「友だちは好意で肩をたたくのだ」ということを説明し、いやなときは「離れてもらえませんか」と言えばよいことを教える。

③昼休み場面
　図書室がにぎわうときには、空き教室で本を読んでよいことにする。また、途中でおしゃべりが聞こえたら「静かにしてもらえませんか」と言うことを教える。

③ 支援を行い、見届ける
登校場面だけが、なかなか改善されず…

　複数場面で、関係教師が行う支援を見届けるために、カレンダーを用いて記録した。

●カレンダーを用いたアキラ君への支援の見届け

9月					10月				
月	火	水	木	金	月	火	水	木	金
	1 ②③	2 ②	3 ①②③	4 ②				1 ②	2 ②
7 ①	8 ③	9 ②	10 ②③	11 ③	5 ②	6	7	8	9
14 ②	15 ②	16 ③	17	18	12	13	14	15	16
21 ②	22	23 ②	24 ②	25	19	20	21	22	23
28	29	30			26	27	28	29	30

表中の番号は各場面で暴言が見られた場合に記入
①：体育　②：登校　③：昼休み　※体育は月と木に授業

　9月14日から、①体育場面では担当教師が支援を行い、記録した。②登校場面と③昼休み場面では担任や学年の教師が支援を行い、記録した。
　支援を開始すると、体育でのアキラ君の様子は劇的に変わった。身体がぶつからないように運動するようにしたら、とたんに暴言をはかなくなったのである。昼休み場面でも、空き教室に行って読書を楽しむ姿が多くなり、暴言は見られなくなった。
　一方、登校場面の暴言はなかなか改善されなかった。観察した教師によれば、友だちが急に肩をたたくようなことはなくなったが、アキラ君

はひとり言のように暴言をはいているという。友だちに身体をふれられるということだけでなく、周囲が混雑し、うるさい状況が影響している可能性もある。

④ 支援を更新する
「うるさい状況」を自ら回避

　登校場面では、「うるさい状況」を自ら回避する手段が必要なようだ。それなら、登校時間を少しずらせば回避できるのではないか。提案したのは、アキラ君の劇的な変容を経験した体育の教師である。そこで担任は、アキラ君と相談した。そして本人自ら、登校時間を少し早くしてみたいと言い、実行することにした。

　こうした支援の変更によって、登校場面での暴言も見られなくなった。アキラ君の表情も晴れ晴れとしている。丁寧に、「先生がたに感謝します」「僕はやればできるんです」と言っている。

　子どもにかかわる人が多くなればなるほど、連携した支援が求められる。その際に課題となるのは、断片的な情報をもとに、思いこみやあてはめの支援を考えてしまうことである。それゆえ、一定の視点で、関係する教師がもつ情報を集約し、それをもとに支援を考えることが重要である。

　そのためには、検討会のもち方が鍵となる。アキラ君の場合は、学年主任がキーパーソンとなった。子どもの行動の観察をもとに、みんなで考えようと進めた。こうした検討会は、根拠に基づいて、複数の教師がもつ情報やアイディアを生かしていこうとするものであり、前向きに支援を検討していくための連携の軸となる。

　そして、こうした**連携が確実な成果を生み出すには、根拠となる情報収集と分析**が要なのである。

子どもの将来を見据えた地域とつながる支援

子どもの教育的ニーズは、生活全般を通して、それも将来の生活を見据えてとらえる必要がある。とはいえ、教師にとって、学校以外の生活は見えにくい。

一方、現場実習など地域での教育活動において、ふだんは見えない教育的ニーズが顕在化してくることがある。教師にとってはチャンスであるが、その際に学校と地域の支援をどのようにつなぐかが課題となる。

特別支援学校の現場実習における事例を通して、生徒の行動を観察した情報をもとに、地域と学校の支援をどのようにつなぐことができるか、考えてみよう。

現場実習で教育的ニーズが見えてきたカズオ君
——————— 特別支援学校高等部2年生

学校では見えなかった問題が…

カズオ君は特別支援学校高等部2年の男子である。ことばは話せないが、発声や身ぶりで受け答えはできる。低学年のときには、多動で、教室から飛び出すこともあったというが、いまでは基本的な生活習慣は確立し、必要な支援を得ながら、集団での活動に落ち着いて取り組んでいる。

　高等部では、将来の社会参加や自立を目標とした現場実習がある。カズオ君の学校では、2年時には6月と10月にそれぞれ1週間、施設や企業で実習を行う。カズオ君の場合は、卒業後に通所を希望している自宅近くの施設で行うことになった。

　6月の実習を行うなかで、学校では見えない問題がいくつか出てきた。担任は、問題を整理した上で、関係者とともに10月の実習に向けた支援を検討していくことにした。

生活環境マップで問題を整理

　生活全般を視野に入れて問題を検討するためには、次のような生活環境マップを使うとよい。

●生活環境マップを用いたカズオ君の問題の整理

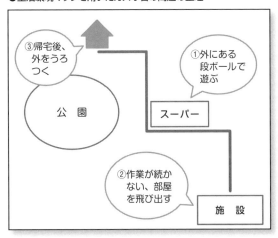

　担任が、母親や実習先の指導員からの情報を整理した結果、問題場面として、次の3つが挙げられた。

①移動場面

実習先の施設は徒歩で行ける場所にあるが、ふだんは行かない区域のために、最初の2日間は母親が同伴した。3日目から母親は後ろからこっそり見守ったという。すると、カズオ君は、帰宅時に、途中にあるスーパーに寄り、外にある段ボールに触るなどして遊び、母親が声をかけるまで帰宅できなかったという。

②施設の作業場面

作業は、学校で行っているのと同様な部品組み立てである。担任が訪問したときには、カズオ君は頑張っている様子であった。しかし、指導員の話では、作業が続かず、部屋を飛び出し、あわてて連れ戻すことがあったという。

③帰宅後の家庭場面

施設からの帰宅時間は、学校からよりも早い。ふだんは下校するとすぐに夕食になるが、実習中は夕食までに時間がある。カズオ君は、外に出てしまい、公園をうろつくことがあったという。

Case 9 現場実習で教育的ニーズが見えてきたカズオ君
特別支援学校高等部2年生

① 子どもの行動を観察する
3つの場面の様子を見て

　3つの場面について、周囲が改善できる状況や対応を探るために、担任は、観察カード（次ページ）を用いて整理することにした。保護者や指導員から、カズオ君が行動問題をしたときと、しなかったときの様子を聞き出した。

①移動場面
　途中にあるスーパーの段ボールを見つけ、触るなどして遊び、母親が声をかけるまで帰宅できなかった。一方、母親が一緒のときや「実習中、スーパーには行きません」と約束した日はスーパーに寄らなかった。

②施設場面
　作業中、指導員がそばにいないと、部屋を飛び出し、指導員は追いかけ、連れ戻した。一方、指導員が隣に座って声をかけるときには、作業ができた。

③家庭場面
　帰宅後に、することがないと外に行き、公園をうろついた。一方、母親がドライブに誘ったり、夕食の手伝いをさせたりするなど、することがあるときは外に行かなかった。

　3つの場面とも、カズオ君は、そばに人がついている状況では、その場に応じた行動をとることができる。
　しかし、そうでない状況では、行動問題をし、それによってかかわりや、することを得たりしている様子であった。

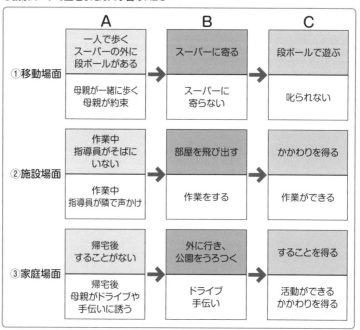

●観察カードで整理したカズオ君のABC

	A	B	C
①移動場面	一人で歩く スーパーの外に 段ボールがある / 母親が一緒に歩く 母親が約束	スーパーに寄る / スーパーに 寄らない	段ボールで遊ぶ / 叱られない
②施設場面	作業中 指導員がそばに いない / 作業中 指導員が隣で声かけ	部屋を飛び出す / 作業をする	かかわりを得る / 作業ができる
③家庭場面	帰宅後 することがない / 帰宅後 母親がドライブや 手伝いに誘う	外に行き、 公園をうろつく / ドライブ 手伝い	することを得る / 活動ができる かかわりを得る

② ABCから支援を考える
ひとりでも望ましい行動ができるように

　観察した内容から、支援を考えた。母親や指導員がそばにいなくても（A）、カズオ君が望ましい行動をすることができ（B）、それによってかかわりを得たり、することを得られたりすれば（C）、行動問題をしなくてすむ。

　そこで、3つの場面で、どのような手がかりや状況があれば、カズオ君が望ましい行動をしやすいのか、そして周囲はそれを強化する対応をとりやすいのかを関係者で話し合った。

①移動場面

観察した情報から、母親がいなくても、スーパーに寄らずに帰宅できるようにするための手がかりとして、約束がききそうである。しかし、約束の実行が強化されなければ、継続されないと考えられる。そこで、カズオ君が「約束を実行したら、よいことがある」を経験できるように、学校と家庭で使える約束カードを作ることにした。

その日の始めに「頑張ること」を記入し、終わりに評価する。実行できたら○をつけ、1週間毎日○がついたら、好きな音楽テープを借りられることにした。これを実習前まで行い、実習中は、「5日間スーパーに寄らずにまっすぐ帰ったら、好きな物がもらえる」ことにした。

一方、担任はスーパーの件がカズオ君の地域生活の支障にならないかと気になり、母親と相談の上、スーパーを訪問した。店長さんは「外をうろつくのは気になっていたが、段ボールが好きなのであれば、日曜に片付けに来てもらえば店も助かる」と提案してくれた。そこで、7月から日曜に母親とスーパーに行き、段ボールの片付けをさせてもらうことにした。

②施設場面

　施設では、指導員がそばにいなくても作業ができ、作業をするとかかわりを得るという経験ができるようにするために、担任は学校の作業担当者と相談した。学校では、カズオ君は作業量を分けて、一つずつ箱に入れて渡すと、取り組めるという。そこでこの方法を実習に取り入れることにした。

　しかし、施設では指導員が常にそばにいることは難しい。そこで、学校の作業では、担当教師は離れて座り、カズオ君に、一つの作業をしたら教師のところに行って報告し（かかわりを得る）、次の作業をもらうようなやり方に変更した。実習中、担任は施設で実地に支援することにした。

③家庭場面

　することがあれば外に行かない。そこで、実習中の帰宅後の過ごし方についても先の約束カードを用いることにした。カズオ君、母親と相談し、帰宅したら、すること（手伝い、音楽テープを聴くなど）を計画し、約束が実行できたら、好きな物がもらえることにした。

③ 支援を行い、見届ける

それぞれの場面で改善が見られ…

　実習中の移動場面や帰宅後の様子は約束カードを通じて把握した。また、施設での作業の様子は、実習記録にグラフをはり付け、指導員に記録してもらった。

●施設におけるカズオ君の作業の様子

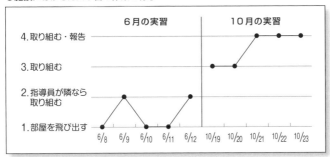

　約束カードを使うようになって、カズオ君は「頑張ること」を実行する日が増えた。また、7月から始めた日曜のスーパーでの段ボールの片付けは、店長さんにほめられ、大喜びなのだという。

　こうした経験を経て迎えた10月の実習では、移動場面でスーパーに寄ることはなく、また、帰宅後外に出て、公園をうろつくこともなくなったという。

　施設での作業については、6月の実習では、指導員が隣で声かけしないと作業に取り組めず、部屋を飛び出した。しかし、10月の実習は、指導員が隣にいなくても、作業に取り組めるようになり、報告もするようになった。

　そうしたカズオ君に対して、指導員は「よく頑張るようになった」と評価した。

④ 支援を更新する

学校と地域の支援をつなぐ

　関係者は、今回の実習で見えてきた問題とその解決策を次年度に引き継いだ。それによって、カズオ君は、3年時に同じ施設でスムーズに実習を行うことができ、卒業後の通所も決まったという。また、スーパーでの段ボール片付けは、カズオ君の日課となり、店にも喜ばれ、地域の人も温かく声をかけてくれているという。

　今回の支援を通じて、担任は学校と地域の支援をつなぐ重要性を実感したという。学校では、教師がそばにいて、こまやかに支援を行うことができる。しかし、家庭や地域において、そうした支援は難しい。現場実習で見えてきた問題は、卒業すると直ちに、本人や家族が背負う課題なのである。

　教師がこまやかな支援を行える学校だからこそ、**人がそばにいてできることと、そばにいなくてもできることを見極め、子どもが主体的に取り組める状況や対応を探る**ことができる。

　カズオ君の場合、観察をもとに、母親や指導員がそばにいなくても望ましい行動をすることができるように、約束カードを使用したり、作業のやり方を改善したりした。それが学校と地域において共通の手がかりや対応を生み出した。地域における教育的ニーズに対応する一つの方向性といえよう。

教師の配慮から本人と一緒に考える支援へ

　子どもが行動問題を起こさないように教師が配慮することは重要である。しかし、本人がどうすればよいか学べなければ、もてる力の向上につながらない。

　こうした課題に対して、まずは教師がABCから支援の見通しをもち、その上で、本人がどうすればよいかを学べる支援に進める必要がある。

　ここでは、中学校で対人関係のトラブルが多かった生徒に対して、高校が中学校の支援情報をもとに入学時の支援を行い、その後に本人と一緒に支援を考えた事例について紹介しよう。

頭ごなしに注意されるとキレるイチロウ君 —— 高校1年生

対人関係のトラブルが多い生徒

　イチロウ君は、今春、高校に入学する男子であった。中学校から引き継いだ個別の教育支援計画には、自閉的傾向があること、学習面の課題はないが、対人関係のトラブルが多いことが記載されていた。そこで、校長は入学前に校内委員会を開き、イチロウ君への支援を検討することにした。しかし、詳細な情報は不明である。校長が中学校に依頼し、特別支援教育コーディネーターが以下のABCの支援情報シートを用いて、担当教師に聞き取った。

頭ごなしに注意されるとキレるイチロウ君
高校1年生

① 聞き取りから子どもの行動を理解する

ABCの支援情報シートを用いた
聞き取りと整理

1 どんな問題が、どの程度生じたか？

・対人関係のトラブル

・月に2、3回

2 どんな時に、どんな行動が生じ、どう対応し、その効果はどうであったか？

・学校生活全般において、突然キレル。

・教師や友だちが本人に注意する時に、興奮し、暴言をはく。

・保健室に連れていきクールダウンさせる。

・1時間ほどで回復する。

3 問題が生じた状況

・イチロウ君がすべきことをしない時（宿題を提出する、かばんを片付けない、掃除をしない、集合時間に遅れる等）に、教師や友だちが「宿題がでていないぞ、なにしてるんだ」など、頭ごなしに注意する時

4 問題が生じなかった状況

・「宿題がでていないけど、どうしたのかな」と穏やかに聞くと、興奮しなかった。

5 本人がスムーズに学習やかかわりを行うために有効な支援は？

・興奮した時には保健室でクールダウンさせる。

6 本人のよさや好み

・学習には積極的に取り組む。

　以上から、イチロウ君の「対人関係のトラブル」は、興奮し、暴言をはく行動であることがわかった。そして、その行動が生じやすい(A)は、「すべきことをしないという本人の行動が生じた時に、教師や友だちが頭ごなしに注意する時」であった。その行動が生じた時の(C)は、「保健室に連れていくと、1時間ほどで落ち着く」ことであった。

A どんな時（活動・かかわり）	B どんな行動	C どんな結果
●本人がすべきことをしない ・宿題を提出しない ・かばんを片付けない ・掃除をしない ・集合時間に遅れる ●教師や友だちが頭ごなしに注意する	・興奮する ・暴言をはく	・教師が保健室に連れていく ・1時間ほどで落ち着く

② ABCから支援を考える
高校入学時の支援

　中学校の支援情報の整理をもとに、入学前に校内委員会を開いた。そして、イチロウ君が興奮し、暴言をはく行動をしなくてすむように、以下の3つの支援を行うことにした。

①中学校で問題が生じた事項（宿題の提出、かばんの片付け、掃除、集合時間）について、事前に本人に確認する。

②すべきことをしない時に、頭ごなしに注意せず、穏やかに理由をたずねる。

③生徒全員に対して、誰もがいきなり注意されると混乱するので、穏やかに伝えることを確認する。

③ 支援を行い、見届ける
教師の配慮はうまくいったが……

　入学時の支援により、4月には、イチロウ君は興奮し、暴言をはく行動をしなかった。ただし、5月に、部活で問題が生じた。関係する生徒に状況を聞くと、先輩が部室の片付けをしなかったイチロウ君に注意したら、興奮し、暴言をはいた。先輩はさらに注意したが、本人はますます興奮したので部室を出ていった。本人は部室に残り、しばらくしたら落ち着いたとのことであった。教師の支援はうまくいったが、部活等の友達関係は教師が把握することが難しい。ここが課題であることがわかった。

④ 支援を更新する
本人と作戦ノートをつくる

　部活の問題が生じた時に、担任はイチロウ君にどのような状況であったのかを尋ね、それをもとに次はどうすればよいかを相談した。すると、イチロウ君なりに、問題の整理ができたそうである。この結果を踏まえて、6月の校内委員会では、イチロウ君が自分自身で状況を整理し、どうすればよいかの見通しをもてるようにするための支援を考えた。
　具体的には、担任が毎週金曜日の放課後にイチロウ君と1週間を振り返り、次の1週間の作戦をたてる時間を設けることであった。担任が提案したら、イチロウ君はやってみると乗り気であった。そこで、本人が興奮した時や興奮しそうになった時のABCをノートに整理して、どのように対応するか作戦をたてることにした。

＜分析＞

A どんな時 (活動・かかわり)	B どんな行動	C どんな結果
●部活 ・先輩が部室の片付けを 　しないことを注意した。	・かっとなった。 ・うるさいと言った。	・先輩が怒った。 ・先輩がその場を去った。 ・嫌な気持ちになった。

＜作戦＞

A どんな時 (活動・かかわり)	B どんな行動	C どんな結果
・部室の片付けをすると 　いうルールを理解する。	・部室の片付けをす 　る。	・先輩が怒らない。 ・作戦が成功する。 ・うれしい気持ちになる。

　6月以降、イチロウ君は、担任と作戦ノートを続けた。そうする中で、イチロウ君は自分から不安なことを担任に相談し、事前に作戦を立てるようになった。そして、3学期には、うまく対応できることも増え、興奮することは減少した。これまで、イチロウ君は、自分がなぜかっとなってしまうのか悩んでいたという。しかし、この作戦ノートを通じて、自分がどんな時に、かっとなるのかわかり、どうすればよいかわかるようになったそうである。

この作戦ノートは、保護者とも共有し、保護者も一緒に作戦をたてた。そして、個別の教育支援計画に記入し、2年や3年時にも、イチロウ君と一緒に考える支援を継続した。現在、イチロウ君は大学生である。大学生活は見通しがもてないことも多いが、自分でノートに書いて整理したり、保護者に相談したりして、問題を整理し、前向きに大学生活を楽しんでいるという。

　高校では、イチロウ君の成長から、本人の主体性を支援することの重要性を実感したという。当初、高校では、中学校で対人関係のトラブルの多い生徒ということで、入学前から支援の必要性を認識していたが、どのような支援が有効なのか見通しはなかった。しかし、校長が中学校に支援情報を依頼し、特別支援教育コーディネーターが中学校担当者にABCの支援情報を聞き取り、入学時の支援を行った。それにより、イチロウ君の入学当初はスムーズであった。そして、その後の本人と考える支援により、イチロウ君自身が自分の行動を理解し、対応できるようになった。この実践は、**周囲の教師がABCから支援の見通しをもつと、本人の主体的な取り組みを応援できる**ことを教えてくれる。

がんばりを認め合う
学級づくりを土台にした
行動問題への支援

　学級が落ち着かないと、個に応じた支援を行うことは難しい。とりわけ、行動問題を示す子どもにはもぐらたたきの対応に陥り、さらに悪循環が生じてしまうことも少なくない。この場合、学級そのものを子どものもてる力を高める環境にして、その上に個に応じた支援を行うことが重要である。

　ここでは、校長が主導し、がんばりを認め合う学級づくりを土台として、行動問題への支援を行った事例を紹介しよう。

クラスの数名が
授業中に話を聞かない
—— 小学校2年生

　校長は、どの学級にも行動問題を示す子どもがいるが、集団の中で個に応じた支援を行うことは難しいと悩んでいた。そんなときに、応用行動分析学の研修会に参加し、すべての子どもを対象としてがんばりを認め合う学級づくりを土台として、個に応じた支援を行うスクールワイドなポジティブ行動支援を学んだ。その具体的な方法は、教育目標を具体化し、その行動を教え、

認め合うかかわりをつくることであった。このような教育目標に即した取り組みは、学校でも日ごろから大切にしている。そこで、校長は特別支援教育コーディネーターと具体的な進め方を相談し、全校の教員に、以下の提案をした。それは、各学級で取り組んでいる学級のめあてをもとにしたキャンペーンであった。

・学級のめあてをもとに、子どもと相談して、大切にしたいことを
　一つ決めて、具体化する。
・3日間、その行動を教え、練習する機会を設ける。
・1か月、取り組み、その成果や工夫を確認する。
・その成果や工夫を全校集会で紹介する。
・この取り組みを通じて、個に応じた支援を考える。

　校長の方針をうけて、各学級でキャンペーンに取り組んだ。2年生の担任は、授業中に先生の話を聞かず、騒ぐ子どもがいることに困っていた。そこで、以下の取り組みを行った。

・子どもと相談して、学級で大切にしたいこととして、「授業中に
　先生の話を聞く」という目標を決めた。
・3日間、3限の授業の最初に、「授業中に先生の話を聞く」ことを
　子どもと練習した。
・1週間ごとに振り返り、目標の達成やそのための工夫を子どもと
　考えた。

Case11 スクールワイドなポジティブ行動支援
小学校2年生

① 子どもの行動を観察する
学級で子どもの行動を観察する

　取り組みを開始して1週間、担任は3限の授業で子どもの行動を観察
した。

A どんな時（活動・かかわり）	B どんな行動	C どんな結果
・3限の授業 ・先生が話をする時	・先生の話を聞く（25名） ・先生の話を聞かない（5名） 　他児（3名）→課題をする 　おしゃべりをする（2名）→騒ぐ	・課題がわかる、うれしい ・注意される ・課題をしなくてすむ

　30名のうち25名は先生の話を聞いていた。しかし、5名は話を聞
いていなかった。そこで、特別支援教育コーディネーターに授業を参観
してもらい、5名の様子を観察してもらった。

　すると、3名は話を聞いていないが課題に取り組んでいた。2名は先
生が話し始めると、すぐにおしゃべりをした。すると、周囲が注意し、
騒然となり、課題をしなくてすんでいることがわかった。

② ABCから支援を考える
個別の支援

　担任は、行動観察をもとに、特別支援教育コーディネーターと個別の
支援を考えた。2名の困った行動は、授業中の先生が話をする時に、そ

の行動をすると、①周囲の注目を得る機能と、②課題から逃避する機能を果たしているようである。

　そこで、①先生の話を聞いたら注目が得られるように、好きなことについて質問し、その子どもに答えてもらい、すごいねと皆の前でほめることにした。例えば、給食が好きな1名には「今日のお昼のメニューは何か？」と質問することにした。漢字が好きな1名には、「今日学習する漢字は何か？」と質問することにした。そして、②課題に取り組みやすいように、全体への説明後に2名のそばに行き、個別にやり方を説明することにした。

全員への支援

　1週間を振り返るホームルームで、先生の話を聞くことに取り組む理由とそのための工夫を確認した。すると、取り組む理由については、先生の話を聞いたら、勉強がわかる、みんなで協力できてうれしいという意見が出た。

　工夫については、話を聞かない友だちにきつく注意するのではなく、優しく声をかけるとよい。話を聞けたかどうかではなく、みんなで協力して勉強ができた等の話を聞いてよかったことのシールを貼ったらよいという意見が出された。そこで、2週目以降、これらの改善意見をもとに、取り組みを進めた。

③ 支援を行い、見届ける
気持ちよさのシールを手がかりとして

　1か月間の取り組みについて、担任はカレンダーに記録した。ホーム

ルームで取り組みの理由や工夫を話し合った9月14日以降は、全員が話を聞く日が増えた。気持ちよさのシールも2週目以降増加し、4週目には全員がはるようになった。

9月				
月	火	水	木	金
				1
4　練習	5　練習	6　練習	7	8
11	12	13 話し合い	14　○	15
18　○	19	20　○	21　○	22
25　○	26　○	27　○	28　○	29　○

9月7日から開始　13日のホームルームで話し合い
全員があいさつをした ○

④ 支援を更新する
学級の取り組みから学校全体へ

1か月間のキャンペーン終了後に、全校集会で各学級の取り組みを紹介しあった。2年生の学級は、「授業中に先生の話を聞く」ことを目

標にして、話を聞いたらよかったことのシールをはり、みんなが協力して勉強がわかるようになったことを紹介した。他の学級の子どもから、「話を聞いただけでなく、工夫がすごいね」等の意見が出された。

　3学期にも1か月のキャンペーンを行い、各学級での取り組みを紹介しあった。その中で、各担任は、学級のめあてを具体化し、それを認めあう取り組みにより、学級が落ち着き、子ども同士が暖かい関係になってきたことを実感したという。そして、このような取り組みを通じて、個々の子どもの姿がわかるようになり、個別の支援を考えるようになったことが報告された。

　集団の中で、個に応じた支援は難しい。とりわけ、行動問題を示す子どもに対応しようとすると、そのことに振り回され、悪循環になってしまう。

　今回は、スクールワイドなポジティブ行動支援を学んだ校長先生の主導により、各学級で大切にしたい行動を決めて、取り組みを認めあうキャンペーンを行った。そのことを通じて、**子どものがんばりを認めあう学級づくりが確実になり、**その上で**先生方に個々に必要な支援が見えやすく、行いやすいものになった**ものといえよう。

Case 12 担任の見通しを高める ケース会議

　学校では、校内委員会等のケース会議を通じて、子どもに必要な支援を検討する。しかし、ともすれば対象児のできないことの羅列や主観的な意見交換にとどまり、答えがでないことも少なくない。その中で、担任が自信を失ってしまうこともある。このような場合、事実をもとに、担任の見通しを高めるケース会議にしていくことが重要である。

　ここでは、校長がケース会議の方針を示し、特別支援教育コーディネーターが事例検討シートを用いて、担任と事前にABCを整理し、有効なケース会議にした事例を紹介しよう。

担任の言うことを聞かない コウタ君 —— 小学校2年生

　校長はケース会議が支援に結びつかず、担任が自信をなくしてしまうことを気にかけていた。そこで、特別支援教育コーディネーターと話し合い、以下の3つの方針を示して、臨むことにした。

・対象児や周囲に危険がないか安全確保を最優先する。
・ABCの事実をもとに子どもや担任のよさを引き出す支援を考える。
・支援を見届け、成長を喜ぶ。

① 子どもの行動を観察する

特別支援教育コーディネーターが担任と事前にABCを整理

　担任は初任者で、子どもの支援がうまくいかないことに悩んでいたために、学年主任はケース会議での検討を提案した。しかし、担任は自分の指導力不足であり、ケース会議は荷が重いと言っていた。そこで、学年主任は特別支援教育コーディネーターに相談し、ケース会議前に情報を整理して、担任が見通しをもってケース会議に臨めるようにした。具体的には、図1の事例検討シートを用いて以下のように進めた。

・困りの具体化

　特別支援教育コーディネーターは担任から対象児の気になること、よさや好み、保護者の要望を聞き取りながら整理した。担任が気になることは、コウタ君が「言うことを聞かない」ことであった。

　具体的な行動を聞くと、授業中に「したくないと言う」、「床に寝そべる」、時に「教室を飛び出す」ことであり、授業が進められないとのことであった。一方、コウタ君のよさや好みはわからず、保護者の要望も不明であった。

・行動観察

　時間割を用いて、コウタ君の「したくないと言う」「床に寝そべる」「教室を飛び出す」行動がどの時間や活動で生じるのか、生じないのかを記入してもらった。

・問題の整理

　記入した時間割を用いて、コウタ君の「したくないと言う」「床に寝そべる」「教室を飛び出す」行動が生じた「問題状況」と生じなかった「参加状況」を整理した。問題状況は、授業中で課題を促す時、支援員のいない月曜から木曜と午後の時間が多かった。そして、コウタ君が「したくないと言う」と担任がそばに行き個別に支援した。しかし、担任が離れると床に寝そべった。担任がそばに行くと課題に取り組むが、離れるとまた床に寝そべり、時に教室を飛び出した。周囲の子どもはコウタ君を注意し、騒然となった。一方、「参加状況」は、担任がそばにいる時、支援員のいる午前と金曜の授業であった。

●図1　事例検討シート

事例検討シート　2年2組　氏名　コウタ君

気になること	子どもの良さや好み	家庭の様子・保護者の要望
・言うことを聞かない →したくないと言う、床に寝そべる、教室から飛び出す	・担任とかかわりたいこと ・友だちとかかわりたいこと	・嫌なことはしたくないという ・わがままを言わず取り組んでほしい

日課	月	火	水	木	金
登校					
着替え					
朝の会					
朝運動					
学級活動					
休み時間					
2時間目	△	△	△		
休み時間					
3時間目					
4時間目					
給食					
昼休み					
掃除					
5時間目	△	△	△	△	
6時間目	△	△●	△●		
着替え					
帰りの会					
放課後					
下校					

△ したくないと言う、床に寝そべる
● 教室を飛び出す

A 参加状況 （どんな時・活動・かかわり）	B どんな行動	C どんな結果
●授業中 ・担任がそばにいる ・支援員のいる午前と金曜日 ・友だちと課題をする	・課題に取り組む	・できる、かかわりを得る

A 参加状況 （どんな時・活動・かかわり）	B どんな行動	C どんな結果	機能
●授業中 ・課題を促す時 ・担任がそばを離れる時 ・午後の授業	・したくないという ・床に寝そべる ・教室を飛び出す	・担任がそばにきて支援する ・友だちが注意する ・担任が探しに行く	注目獲得 逃避

●安全確保　・支援員のいない月曜から木曜の午後は教頭が入る

①問題状況を変える
　・授業の最初に担任と課題をする時間を設ける

②望ましい行動を引き出し、手応えを工夫する
　・担任がほめると喜ぶので、コウタ君の取り組みをほめる
　・友だちと課題をする時間をつくり、取り組みをほめる
　・取り組んだ日のカレンダーに○をつける、保護者にほめてもらう

③代わりの行動の支援
　・挙手で呼んだら、行くよと教える

下線はケース会議や支援経過を通じて追加した内容

② ABCから支援を考える
特別支援教育コーディネーターと担任が 事前に支援の方針をもつ

　コウタ君の困った行動は、授業中の課題を促す時に、担任や友だちの注目を得る機能と、一人では課題がうまくできない状況で逃避する機能を果たしていると考えられる。担任はABCの整理で、コウタ君は言うことを聞かないのではなく、課題に取り組もうとしているが、うまくできず、困った行動をしていることがみえてきたという。

　そこで、特別支援教育コーディネーターは、まずは安全確保が必要と考え、支援員のいない月曜から木曜の午後の対応について、管理職に相談し、教頭が教室に入ることを確認した。

　次に、コウタ君が課題に取り組めるようにし、それを通じて担任や友だちのかかわりを得られるようにする支援について、担任と相談した。その結果、以下の支援の方針を考えた。

「問題状況を変える」
・授業の最初に、「先生と一緒にしたい人は前にきてください」と
　かかわる状況をつくる。

「代わりの行動を教える」
・寝そべる代わりに、挙手をして担任を呼ぶ行動を教える。

ケース会議

　担任と事前に整理した事例検討シートを資料として、学年のケース会議で支援を検討した。まず、教室を飛び出した事実があることから、事前に管理職と相談した安全確保は明日から行うことを確認した。その上

138

で、コウタ君や担任のよさを生かして課題に取り組めるようにするための支援を参加状況と問題状況、先生方が把握している事実から考えましょうと提案した。学年の教師は、以下の提案をした。

・問題状況や参加状況の事実から、コウタ君がかかわりを求めていることがわかるので、授業の最初に一緒に課題をしてかかわる状況をつくるのはよいと思う。

・学年集会の様子から、コウタ君が担任にほめられると喜んでいることから、コウタ君が取り組んでいることをそのままにせず、担任が即時にほめるとよいのではないか。

・コウタ君自身がそのがんばりがわかるように、連絡帳にカレンダーを貼り、担任がコウタ君と一緒に〇をつけるとよいのではないか。

・保護者に連絡帳を見てもらい、ほめてもらうように依頼したらどうか。

担任はこのような助言を事例検討シートに記入し、実行することにした。そして、事例検討シートは、月曜日に学年で回覧し、気付いたことを担任に伝え、コウタ君のがんばりに声をかけてもらうことにした。

③ 支援を行い、見届ける
言うことを聞かないのではない

担任は支援を実行し、カレンダーに記録した。4月は授業中に「したくないと言う」「床に寝そべる」行動が毎日のように生じていたが、5月から減少した。飛び出す行動もみられなくなった。そして、6月以降は課題をする行動が増え、さらに7月には挙手をして担任を呼ぶ行動が増えた。

●コウタ君の行動記録

困った行動（△したくないと言う、床に寝そべる　●飛び出し）　望ましい行動（○課題をする）　代わりの行動（◎挙手で担任を呼ぶ）

4月

月	火	水	木	金
		1	2	3
6	7 △	8 △	9	10
13 △	14	15 △	16 △	17
20 △	21 △●	22 △●	23 △	24
27 △	28 △	29	30 △	

5月

月	火	水	木	金
				1
4	5	6	7 △	8
11 ○	12 ○	13 ○	14 △	15
18 ○	19 △	20 ○	21 ○	22
25 ○	26 ○	27 ○	28 ○	29

6月

月	火	水	木	金
1	2	3	4	5
8	9 ○	10 ○	11	12
15 ○	16 ○	17 ○	18 ○	19
22 ○	23 ○	24 ○	25 ○	26
29	30			

7月

月	火	水	木	金
		1 ○	2 ○	3
6 ◎	7 ◎	8 ◎	9 ◎	10
13 ◎	14 ◎	15 ◎	16 ◎	17
20 ◎	21 ◎	22 ◎	23 ◎	24
27 ○	28 ○	29 ○	30	31

子どもの成長
・4月はしたくないと言う、床に寝そべる行動が金曜以外ほぼ毎日生じた。教室から飛び出す行動も2回生じた。
・5月以降、課題をすることが増え、7月は挙手で担任を呼ぶことが増えた。

有効な支援
・担任や友だち、支援員のかかわりが取り組みのエネルギーになる。
・授業の最初に担任と課題をする時間を設けると、取り組みやすい。
・取り組みをカレンダーで確認すると喜ぶ。
・授業の最初に友だちと課題をする時間を設けると、取り組みやすい。

④ 支援を更新する
担任が気づき、さらなる工夫へ

　コウタ君の支援を行い、カレンダーに記録するなかで、担任はコウタ君が友だちと課題をするのを喜んでいることがわかったそうである。そこで、授業の最初に友だちと課題をする時間を設けてみた。すると、担任がそばにいなくても課題に取り組めたそうである。担任はこの気づきを事例検討シートに記入していった。そして、この「事例検討シート」は次年度に引継ぎ、有効な支援を書き込んでいった。

　初任者の担任は、コウタ君の事例を通じて、ケース会議のよさを実感したそうである。当初、担任はコウタ君が言うことを聞かないのは、自分の指導力不足だからと考えていた。しかし、特別支援教育コーディネーターと情報を整理するなかで、コウタ君の様子がわかり、どのように支援できるかの見通しを得たという。さらに、ケース会議で、学年の教師から、コウタ君や担任のよさを生かすことを助言してもらった。その助言を実行するとコウタ君の取り組みが確実になった。

　ケース会議は、ともすれば担任が何をしたらよいかわからず、自信を無くしてしまうことも少なくない。しかし、今回のように、**事実をもとに子どもや担任のよさを引き出す支援を考えるという方針を共有し、「事例検討シート」のような共通の枠組みを用いる**と、糸口がみえてくる。そして、支援を見届けると、成果を実感し、次の工夫につながる。まさに、ABCから考えるケース会議はプラスの循環をもたらすものといえよう。

参 考 文 献

● Carr, E. G., Dunlap, G., Horner, R. H., Koegel, R. L., Turnbull, A. P., Sailor, W., Anderson, J. L., Albin, R. W., Koegel, L. K., & Fox, L. (2002) Positive behavior support: Evolution of an applied science. Journal of Positive Behavior Interventions, 4, 4-16, 20.

●中央教育審議会（2021）「令和の日本型学校教育」の構築を目指して―全ての子供たちの可能性を引き出す、個別最適な学びと、協働的な学びの実現（答申）―.

●平澤紀子（2009）発達障害者の行動問題に対する支援方法における応用行動分析学の貢献―エビデンスに基づく権利保障を目指して―. 行動分析学研究, 23, 33-45.

●平澤紀子（2015）体罰をなくすために、ポジティブな行動支援から. 行動分析学研究, 29, 119-126.

●平澤紀子（2019）支援者の実行を支えるサポート―スクールワイドPBSから―. 行動分析学研究, 33, 118-127.

●平澤紀子（2020）わが国における学校規模ポジティブ行動支援（SWPBS）の開発と貢献. 行動分析学研究, 34, 274-280.

● Horner, R. H., Dunlap, G., Koegel, R. L., Carr, E. G., Sailor, W., Anderson, J., Albin, R. W., & O'Neill, R. E.(1990) Toward a technology of "Nonaversive" behavioral support. Journal of the Association for Persons with Severe Handicaps, 15, 125-132.

● Horner, R. H., Sugai, G., Todd, A. W., & Lewis-Palmer, T. (2005) Schoolwide positive behavior support. In L. M. Bambara & L. Kern (Eds.), Individualized supports for students with problem behaviors: Designing positive behavior plans. New York: Guilford Press.

●加藤哲文（2000）行動問題. 小出進（編集代表）. 発達障害指導事典第二版, 184-185. 学習研究社.

●小野宏・渡部匡隆・望月昭・野崎和子（2001）学校教育を終了した知的障害のある人の生活実態に関する調査報告書―行動障害の実態とその解決のための要望を中心に―. 平成13年度文部省科学研究費調査研究報告書.

● O'Neill, R. E., Horner, R. H., Albin, R. W., Sprague, J. R., Storey, K., & Newton, J. S. (1997) Functional assessment and program development for problem behavior: A practical Handbook. Pacific Grove: Brooks/Cole Publishing Co.

お わ り に

　本書は、2010年に発行した「応用行動分析学から学ぶ子ども観察力＆支援力養成ガイド」の改訂書である。おかげさまで、前書は、多くの皆様に読んでいただき、5刷を重ねるにいたった。そして、多くの感想とともに、先生方の実践成果も教えていただいた。子どもにかかわる先生方と応用行動分析学を共有し、子どもの成長を喜ぶことができたことに、深く感謝申し上げる。

　この間、我が国は、共生社会の構築に向けて、すべての子どもの可能性を引き出す学校教育への歩みを進めている。その中心は、一人一人の子どもの教育的ニーズに応じる特別支援教育を基盤とした多様性を包有する学校である。

　こうしたなかで、あらためて、応用行動分析学の考え方や方法をより多くの人々と共有したいと考えていた。その折に、出版社から、改訂版のご提案をいただいた。

　そこで、本書では、ポジティブ行動支援を軸として、学校チームの事例を加え、行動問題から子どものもてる力を高める学校づくりにもつながるよう補強した。

　実践成果を教えてくださった皆様にあらためてお礼を申し上げる。また、改訂版のご提案をくださり、編集を担当してくださった株式会社Gakken相原昌隆氏、イラストをご担当いただいた北村友紀氏に深く感謝申し上げる。

　本書を活用していただき、さらに役立つようにするために、多くのご意見をいただければ幸いである。

2023年4月　平澤紀子

学研のヒューマンケアブックス

子どもの行動から考える
ポジティブ行動支援

応用行動分析学から学ぶ
子ども観察力&支援力養成ガイド
改訂版

2010年　8月10日　初版 第1刷発行
2023年　5月2日　改訂版 第1刷発行

著者	平澤紀子
発行人	土屋 徹
編集人	滝口勝弘
企画編集	長谷川 晋・相原昌隆
装丁·デザイン	長谷川由美
イラスト	北村友紀
製作協力	千葉匠子

発行所	株式会社Gakken 〒141-8416　東京都品川区西五反田2-11-8
印刷所	凸版印刷株式会社

●この本に関する各種お問い合わせ先
・本の内容については、下記サイトのお問い合わせフォームよりお願いします。
　https://www.corp-gakken.co.jp/contact/
・在庫については　Tel 03-6431-1250（販売部）
・不良品（落丁、乱丁）については　Tel 0570-000577
　学研業務センター　〒354-0045 埼玉県入間郡三芳町上富279-1
・上記以外のお問い合わせは　Tel 0570-056-710（学研グループ総合案内）

©Noriko Hirasawa 2023 Printed in Japan

学研グループの書籍・雑誌についての新刊情報・詳細情報は、下記をご覧ください。
学研出版サイト　　　https://hon.gakken.jp/
ヒューマンケアブックス等のサイト　http://www.gakken.jp/human-care/